帰りが
遅くても
かんたん
仕込みで
すぐごはん

上田淳子

晩ごはん作りは

毎日の晩ごはん作りに奮闘しているあなた。帰宅して、着替える時間もなくバタバタと料理し、なんとかテーブルに並べる日々が続いていませんか。家事、子育てに加えて仕事、介護など事情はさまざまですが、共通しているのは、家族が健康で笑顔で過ごせるように願っていること。特に食事においては、バランスよく、マンネリにならないように、そしてもちろんおいしさもあきらめたくない…と欲張りになります。

でも実際は献立が決まらずレシピ検索をしながら焦ったり、ラクするための作り置きに疲れたり、とにかく「晩ごはん」の呪縛に苦しんでいる人のなんと多いことか。

分けられる!

その苦しみから解放されるためにはどうしたらよいのでしょうか。この本でご提案するのは非常にシンプルですが

「レシピを分ける」ということ。**前仕込み**と**後仕上げ**に**分けて**負担を分散させ、少し先の自分を助けます。ちょっとした前仕込みが思った以上にラクさせてくれるので、バランスのよいおいしい晩ごはん作りが無理なく続き、気持ちのゆとりも生まれます。

また、後仕上げを他の家族に託すこともできるので、家族で協力して晩ごはんを作るきっかけにも。

なんとか毎日の晩ごはん作りを乗りきれますように。

分け方は3パターン

この本では、料理を「前仕込み」と「後仕上げ」に分けています。
要する時間ではなく、
それぞれの作業比率を3つに分け、
生活スタイルやその日の
スケジュールによってレシピが選べます。

part 1　前仕込みで
ほぼ仕上げる
「前8割、後2割」

part 2　前も後も
同じくらいの
「前5割、後5割」

前仕込みは
最小限にする
「前2割、後8割」part 3

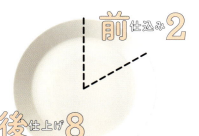

ラクしておいしいからうれしい！

前仕込みは朝でなくてもOK！

朝がどうしても苦手、またお弁当と朝食作りで精一杯というかたは、前の晩に仕込むのがおすすめ。晩ごはんの後片付けの前なら、包丁やまな板を洗うのも苦になりません。

作れなかったら翌日にスライド

急な残業や、疲れて外食しても大丈夫。前仕込みしたものを翌日にまわせば、そのまま使えます。それぞれのレシピに冷蔵、冷凍の日もちを明記していますので、参考にしてください。

調理パターンがさまざまで飽きません

ラクしようとすると同じ調理法になりがちでどうしてもマンネリ感が…。各パートによって得意な調理パターンがあり、バリエーション豊かな食卓になります。一見凝った料理も前仕込みの工夫しだいでスムーズに作れます。

ほかの家族に後仕上げを頼んでも

オーブンに入れるだけ、パパッと炒め合わせるだけ。そんな後仕上げなら、先に帰った家族でも担当できます。作り方と前仕込みしたものをスマホで撮影して送っておけば一目瞭然。後仕上げにはアドバイスもついているので安心です。料理を始めるきっかけになることも。夜、出かけたい日もお任せできます。

副菜や汁ものも あなどれません

主菜だけというわけにはいかないのが悩みどころ。作れる自分をグッと抑えて、徹底的にシンプルな材料と作り方の副菜と汁ものをご紹介します。これで晩ごはんは攻略できます。

困ったときは無理をしない

毎日ごはんを作っていれば、まったく前仕込みできない日も出てきます。そんな日は常備しておくと便利な材料で、チャチャッと主菜を。とにかく無理しないことが長続きの秘訣です。

細かく切る作業は最小限に

切る作業をしていると仕上がりまでが遠く感じてイライラしがち。この本では細かく切る作業を最小限にし、また前仕込みで済ましているレシピが多いので、帰宅後はいきなり火を使う工程から始められます。ゴールが見えていると気持ちも軽やかになります。

前仕込みと後仕上げを
ラクにする 3 アイテム

前仕込みした食材を保存する便利な道具をご紹介します。

前仕込みした食材は
ポリ袋保存
がおすすめ

肉や魚に調味料をからませたものや、切った野菜などはポリ袋に入れて、ほどきやすく縛っておきましょう。調味料がからみやすい、洗い物を減らせる、冷蔵庫の場所を取らないなどいいことばかりです。

合わせ調味料やたれは
空きびん
を利用

液体中心の調味料やたれを前仕込みしたら、ジャムなどの空きびんに。蓋がしっかり閉まるので、簡単にふり混ぜられます。大きさ違いがあると便利。底にたまる調味料の場合は、使う直前に再度混ぜてください。

バット なら一気に冷蔵庫から取り出せます

前仕込みした食材や調味料はすべてバットにのせて冷蔵庫へ。一気に取り出せて、帰宅後の作業がスムーズです。後仕上げを家族に託すときも、「調味料があるのを知らなかった…」といったトラブルがありません。

この本の使い方

おいしく、手際よく作るために参考にしてください。

材料と分量について

- 分量は2人分です。料理によっては作りやすくするために、多めのものもあります。
- 大さじ1は15㎖、小さじ1は5㎖、1カップは200㎖です。
- 酒は日本酒、砂糖は上白糖、塩は精製塩、バターは有塩を使用しています。
- 特にことわり書きがなければ、野菜は通常皮をむいて使用するものはむき、種類によっては芯や種を取ります。きのこ類は石づきを切り落とします。
- だし汁は昆布とかつおのだし汁を使用していますが、ふだんお使いのもので結構です。
- 鶏がらスープの素は市販の顆粒を使用しています。
- 付け合わせや薬味は記載しているものに限らず、お好みのものをご用意ください。

前仕込みについて
前仕込みで済ます作業です。写真は前仕込みが完了した材料。この状態か火を通したものの日もちも明記しています。熱いものは必ず冷ましてから冷蔵庫に入れてください。

後仕上げについて
帰宅後の仕上げ作業です。家族に託したときも、アドバイスを頼りにしてもらえばおいしく仕上げられます。

献立のヒントについて
PART1〜3、ご飯と麺には相性のよい副菜と汁もの、またはどちらかを紹介しています。献立に迷ったときは参考にしてください。副菜と汁ものは105ページからです。

もくじ

晩ごはん作りは分けられる！ 2
分け方は3パターン 4
ラクしておいしいからうれしい！ 5
前仕込みと後仕上げを
ラクにする3アイテム 8
この本の使い方 9

後仕上げは盛りつけるだけ
サーモンとじゃがいも、
アボカドのマヨソース 32
ゆで豚のポン酢漬け 34
［蒸し鶏で2品］
棒棒鶏/よだれ鶏 36

後仕上げはさっと加熱するだけ
ビーフストロガノフ 38
鶏肉のクリーム煮 40
肉団子の甘酢あん 42
麻婆豆腐 44
シーフードスープカレー 45

PART
1
前仕込み8後仕上げ2
帰宅後短時間でラクラク！ 13

フライパンひとつで後仕上げ
ガパオ風チキンソテー 16
鶏肉と玉ねぎ、トマトの
バーベキューソース炒め 18
豚肉とキャベツの蒸し煮
マスタード風味 20
豚肉と野菜の中国風うま煮 22

調理家電で後仕上げ
具だくさんミートローフ 24
サーモンとほうれん草のグラタン 26
チーズタッカルビ 28
豚ばらと白菜のミルフィーユ蒸し 30
かじきとねぎのみそマヨ焼き 31

PART
2
前仕込み5後仕上げ5
半分半分でラクラク！ 47

後仕上げは焼いてソースと合わせるだけ
ポークソテー
きのこオイスターソース 50
鶏肉のソテー トマトソース 52
チキンチャップ 54
さばのソテー オニオンソース 55

後仕上げは漬け込んだ材料を焼くだけ
豚肉のしょうが焼き 56

回鍋肉（ホイコーロー） 58
鶏肉とれんこんの柚子こしょう炒め 60
ぶりの照り焼き 61

後仕上げは揚げるだけ
鶏肉のから揚げ 62
つくねの磯部揚げ 64
えびとズッキーニのフリット 65

後仕上げは肉だねを焼く・煮るだけ
ハンバーグ
粒マスタードケチャップソース 66
鶏つくね 68
大きな肉団子と野菜のスープ煮 69

PART 3
前仕込み2 後仕上げ8
少しの仕込みでかなりラク！ 71

前仕込みは下味をつけるだけ
バターチキンカレー 74
焼き餃子 76
豚肉とじゃがいもの蒸し煮 78
［しっとり鶏むね肉で2品］
鶏肉の酸辣湯風（サンラータン）／
鶏肉の治部煮風 80
牛肉の韓国風炒め野菜包み 82

前仕込みは切るだけ・下処理だけ
肉じゃが 84
手羽先と大根の煮もの 86
かじきのピカタ 88
たらのおろし煮 90
いかとブロッコリーの薬味だれ 91

ご飯と麺も前後で分けてもっとラク 92
牛丼 92
鶏飯 94
ドライカレー 95
鶏肉のリゾット 96
スパゲッティミートソース 97
ペンネ アマトリチャーナ 98
あんかけ焼きそば 99
じゃじゃ麺 100

便利な買い置き食材で前仕込み不要のスピード献立 101
究極の前0は焼き魚献立 101
さば缶で
さばのキムチチゲ 102
ソーセージ・ミックスビーンズ缶で
ソーセージとミックスビーンズのトマト煮 103
卵で
ほうれん草とベーコンのオムレツ 104

材料も作り方もシンプルに
スピード副菜＆和洋中の汁もの 105

[副菜] 切って和えるだけ

粒マスタード入りコールスロー／
にんじんのごま酢和え 106

長いもの納豆和え／
かぶの塩昆布和え 107

レタスとじゃこのサラダ／
きゅうりとわかめのねぎ塩和え 108

大根と帆立の和えもの／
アボカドのわさびじょうゆ和え 109

[副菜] ゆでて和えるだけ

ブロッコリーのツナマヨ和え／
いんげんの粒マスタードサラダ 110

もやしとにらのナムル／
キャベツのザーサイしょうゆ和え 111

こんにゃくの甘みそがけ／
青梗菜の中華だれ 112

オクラの梅おかか和え／
ゆでごぼうのごま和え 113

[副菜] さっと加熱するだけ

れんこんのチーズソテー／
小松菜とツナの煮びたし 114

セロリのきんぴら／
アスパラガスのバター蒸し焼き 115

もやしのカレー炒め／
豆苗の卵炒め 116

しらたきとひき肉のしぐれ煮／
なすのウスターソース炒め 117

[副菜] レンジでチンするだけ

長いものだし煮／かぼちゃサラダ 118
丸ごと玉ねぎのレンジ蒸し／

パプリカのピクルス 119

あつあつトマトのだししょうゆがけ／
なすのしょうがじょうゆ和え 120

ねぎのドレッシングマリネ／
豆もやしのコチュジャンマヨがけ 121

[和の汁もの]

にら玉みそ汁／豆腐とわかめのみそ汁／
長ねぎと油揚げのみそ汁／
あさりのおすまし 122

梅とたたき長いものおつゆ／
梅ときのこのおつゆ／白菜の粕汁 123

[洋の汁もの]

つぶしかぼちゃのポタージュ／
つぶしじゃがいものポタージュ／
玉ねぎ、じゃがいも、トマトのカレースープ 124

玉ねぎとセロリのスープ／
玉ねぎとベーコンのスープ／
きのこのミルクスープ／
ほうれん草のミルクスープ 125

[中華の汁もの]

わかめともやしのスープ／
キムチともやしのスープ／
ザーサイとレタスのスープ／
ザーサイと長ねぎのスープ 126

中国風コーンスープ／
春雨入り中国風スープ 127

みんなの晩ごはん奮闘記 1 46
ホイル焼きのはずだったのに／
作り置きはしたけれど…

みんなの晩ごはん奮闘記 2 70
常備菜を食べ続ける私／
99％は私が作ったのに！

part

1

前仕込み8
後仕上げ2

帰宅後短時間でラクラク！

前仕込みで8割済ませて、
帰宅後ラクラク後仕上げ2割

帰宅後とにかく手間がかけられないというかた。
「育休明けで保育園が始まった」
「子どもが小学生になったので仕事を再開した」
「介護が始まった」など、新しい生活に慣れていない時期は特に、
晩ごはんを食べる前にほんのちょこっと手を入れるだけの
8：2スタイルがおすすめ。後仕上げが簡単なので、
ほかの家族にまかせることもできます。

前仕込み8

前8後2の調理パターン

フライパンひとつで
後仕上げ

前仕込みで材料が切り分けられ、合わせ調味料も量ってあるので、後仕上げはフライパンで順番に火を入れるだけで作れます。

調理家電で
後仕上げ

後仕上げは冷蔵庫から出して電子レンジやオーブン、オーブントースターにおまかせ。バットや耐熱容器ごとテーブルに出せるので、後片付けも簡単です。

後仕上げは
盛りつけるだけ

前仕込みで火を入れているので、後仕上げでは調理家電や火を使いません。包丁が使えるお子さんなら後仕上げも簡単にできます。

後仕上げは
さっと加熱するだけ

前仕込みでベース作りのみ、または一部火を通しておきます。温め直しで状態が変わる心配がなく、出来立てのおいしさを楽しめます。

フライパンひとつで後仕上げ

ガパオ風チキンソテー

ヘルシーな鶏むね肉を人気のタイ料理風に。

材料(2人分)

鶏むね肉……1枚 (250〜300g)
A　しょうが(すりおろし)
　　……大さじ1/2
　　にんにく(すりおろし)
　　……小さじ1
　　塩……小さじ1/3
　　こしょう……少量
　　サラダ油……小さじ1
玉ねぎ……1/2個
赤パプリカ……小1個
バジル……1パック
B　オイスターソース
　　……大さじ1
　　ナンプラー……大さじ1
サラダ油……大さじ1/2
一味唐辛子(好みで)……適量

作り方

切る・下味をつける

8分

1 鶏むね肉はそぎ切りにしてポリ袋に入れ、Aを加えてもみ込む。

2 玉ねぎは5mm厚さの薄切りに、赤パプリカは7mm幅の細切りにする。

3 バジルは葉と茎に分け、茎はざく切りにする。Bは合わせておく。すべて冷蔵庫へ。

＊この状態で**冷蔵庫で3日間**、鶏肉は**冷凍庫で3週間**もつ。

炒める

8分

4 フライパンにサラダ油をひき、1を並べる。中火で1分ほど炒め、2を加えて軽く混ぜて蓋をし、約2分蒸し炒めする。全体を混ぜ、2〜3分炒める。鶏肉に火が通ったらBを加え、全体に混ぜる。

5 一味唐辛子を加えて好みの辛さにする。火を止めて3のバジルを加え、ひと混ぜする。

―アドバイス―
バジルは余熱で軽く火を入れます。好みで目玉焼きをのせても。

献立のヒント｜にんじんのごま酢和え⇒P.106、わかめともやしのスープ⇒P.126

フライパンひとつで後仕上げ

鶏肉と玉ねぎ、トマトの バーベキューソース炒め

隠し味のカレー粉でいつもよりご飯が進むこと間違いなし。

材料（2人分）

- 鶏もも肉……1枚（250～300g）
- A | 塩……小さじ1/3
  | こしょう……適量
- 玉ねぎ……1/2個
- エリンギ……1パック（100g）
- プチトマト……10個
- B | カレー粉……小さじ1～1 1/2
  | にんにく（すりおろし）……小さじ1/2
  | ウスターソース……大さじ1 1/2
  | トマトケチャップ……大さじ1/2
- サラダ油……大さじ1/2

作り方

切る・下味をつける
前8　8分

炒める
後2　8分

1 鶏もも肉は余分な脂を切り取ってそぎ切りにし、ポリ袋に入れる。Aを加えてもみ込む。

2 玉ねぎは5mm厚さの薄切りに、エリンギは乱切りにする。プチトマトはへたを取る。Bは合わせておく。すべて冷蔵庫へ。

＊この状態で**冷蔵庫で3日間**、鶏肉は**冷凍庫で3週間**もつ。

3 フライパンにサラダ油をひき、1を並べる。中火で1分ほど炒め、2を加えて軽く混ぜて蓋をし、約2分蒸し炒めする。

4 全体を混ぜ、2～3分炒めて鶏肉に火が通ったらBを加え、全体に混ぜる。

― アドバイス ―
蓋を取ったあと、しっかり水分を飛ばしてから調味料を入れましょう。プチトマトの代わりに普通のトマトでもかまいません。

炒めるだけなら
ワシでもできるぞ

献立のヒント｜ブロッコリーのツナマヨ和え⇒P.110、玉ねぎとセロリのスープ⇒P.125

フライパンひとつで後仕上げ

豚肉とキャベツの蒸し煮 マスタード風味

蒸し煮中に副菜を準備して、出来立てを一緒にいただきます。

材料(2人分)

- 豚肩ロースステーキ用肉……2枚(約250g)
- A | 塩……小さじ1/3
    | こしょう……少量
- キャベツ……1/4個
- 玉ねぎ……1/2個
- にんにく……小1片
- 水……1/2カップ
- 塩……小さじ1/2
- こしょう……適量
- 粒マスタード……大さじ1
- サラダ油……大さじ1

作り方

切る・下味をつける
前8 8分

1 豚肩ロースステーキ用肉は半分に切ってポリ袋に入れ、Aを加えてもみ込む。

2 キャベツはざく切りに、玉ねぎ、にんにくは薄切りにする。すべて冷蔵庫へ。

＊この状態で**冷蔵庫で3日間**、豚肉は**冷凍庫で3週間**もつ。

炒める
後2 15分

3 フライパンを中火にかけてサラダ油を熱し、1を並べて両面をこんがり焼く。2を加えて全体に炒め混ぜ、水を加えて蓋をして約8分蒸し煮する。途中で一度混ぜる。

4 蓋を取って汁気が多ければ火を強めて煮詰める。塩、こしょうで味をととのえて火を止め、粒マスタードを加えて混ぜる。

アドバイス

蒸し煮の時間は野菜がくたっとなるくらいが目安です。粒マスタードは火を止めてから加えると酸味が残っておいしい。

献立のヒント｜ねぎのドレッシングマリネ⇒P.121、きのこのミルクスープ⇒P.125

フライパンひとつで後仕上げ

豚肉と野菜の中国風うま煮

野菜の甘みと豚肉の旨みが溶け合うやさしい味。

材料(2人分)

豚こま切れ肉……150g
A | 塩……小さじ1/4
  | こしょう……適量
白菜……300g
にんじん……1/4本
ブロッコリー……70g
うずらの卵(ゆでたもの)……6個
B | しょうが(すりおろし)
  | ……小さじ1
  | 鶏がらスープの素
  | ……小さじ2
  | 水……1カップ
水溶き片栗粉
  | 片栗粉……大さじ1
  | 水……大さじ2
塩・こしょう……各適量
ごま油……大さじ1

作り方

切る・下味をつける
前8 8分

炒め煮する
後2 10分

1 豚こま切れ肉はポリ袋に入れ、Aを加えてもみ込む。

2 白菜は3cm幅に切り、にんじんは薄い半月切りにしてポリ袋に入れる。ブロッコリーは小房に分け、大きいものは半分に切ってうずらの卵とともにポリ袋に入れる。すべて冷蔵庫へ。

3 フライパンにごま油を熱し、香りが立ったら1を加えて中火でさっと炒める。色が変わったら、2の白菜、にんじん、Bを加えて蓋をし、沸いたら4〜5分蒸し煮する。

4 2のうずらの卵、ブロッコリーを加えてさっと火を通し、塩、こしょうで味をととのえる。水溶き片栗粉を作って回し入れ、手早く混ぜてとろみをつける。

― アドバイス ―
水溶き片栗粉は一気に回し入れ、へらでフライパンの底を手早くすり混ぜると均一にとろみがつきます。

＊この状態で**冷蔵庫で3日間**、豚肉は**冷凍庫で3週間**もつ。

献立のヒント | きゅうりとわかめのねぎ塩和え ⇨ P.108、中国風コーンスープ ⇨ P.127

調理家電で後仕上げ

具だくさんミートローフ

ハンバーグより簡単で冷めてもおいしくいただけます。

材料（作りやすい量）

- 合いびき肉……400g
- 玉ねぎ（みじん切り）
  ……1個分（200g）
- サラダ油……小さじ1
- ミックスビーンズ……50g
- A | パン粉……大さじ4
    | 牛乳……大さじ3
    | 卵……1個
- B | 塩……小さじ1
    | こしょう……適量
- プチトマト……6個
- ブロッコリー……1/4株

作り方

 15分  20分

1 玉ねぎは、耐熱皿に入れてサラダ油をからめ、ふんわりラップをする。電子レンジで5分加熱し、ラップをはずして冷ます。

2 ブロッコリーは小房に分ける。プチトマトはへたを取る。

3 ボウルにAを入れてよく混ぜ、パン粉がふやけたら合いびき肉、Bを加えてよく練り混ぜる。1、ミックスビーンズを加えてさっくり混ぜ、バットにオーブンペーパーを敷いて肉だねを詰め、2を埋め込んでラップをかけて冷蔵庫へ。

4 オーブンを200℃に予熱し、3のラップをはずして約20分焼く。

アドバイス

オーブンを予熱している間に冷蔵庫から出しておきましょう。焼き具合は竹串を中央に刺して、透明な肉汁が出たらOK。焼き立てを切ると肉汁が出てしまうので、少しおいて落ち着かせてからにします。

＊焼いて**冷蔵庫で2日間**、ブロッコリーとトマトを除けば**冷凍庫で3週間**もつ。

献立のヒント｜粒マスタード入りコールスロー⇨P.106、つぶしかぼちゃのポタージュ⇨P.124

調理家電で後仕上げ

サーモンとほうれん草のグラタン

前仕込みで火を通すのでオーブントースターで焼くだけ。

材料（2人分）

- 甘塩鮭……2切れ（200g）
- ほうれん草（冷凍品の解凍でも可）……200g
- バター……20g
- 小麦粉……20g
- 牛乳……350mℓ
- 塩……小さじ1/3
- こしょう……適量
- A | パン粉……大さじ3
    | 粉チーズ……大さじ1
    | サラダ油……大さじ1

作り方

具材入りソースを作る　前8　15分　→　オーブントースターで焼く　後2　15分

1 ほうれん草は3cm長さに切ってさっとゆで、水に取って冷まし、ぎゅっと絞る。甘塩鮭は骨を除き、1切れを4等分する。

2 フライパンにバターを入れて中火にかける。溶けて泡立ってきたら1のほうれん草をさっと炒める。小麦粉をふりかけ、炒め混ぜる。牛乳を加えて沸いたら常にかき混ぜ、とろみが出るまで煮る。

3 塩、こしょうで味をととのえ、1の鮭を加えて火を通し、グラタン皿に移す。ラップをかける。Aを混ぜ、すべて冷蔵庫へ。

4 ラップをはずし、Aをふりかけてオーブントースターでこんがり焼く。焼き時間の目安は15分。

――アドバイス――
焼き色がつきやすいトースターの場合は、ラップをしたまま電子レンジで1～2分温めてから焼くと中まで温まります。

＊この状態で冷蔵庫で2日間、冷凍庫で3週間もつ。

献立のヒント｜れんこんのチーズソテー⇨P.114、玉ねぎ、じゃがいも、トマトのカレースープ⇨P.124

調理家電で後仕上げ

チーズタッカルビ

人気沸騰中の韓国料理が電子レンジで手軽に作れます。

材料（2人分）

鶏もも肉……1枚 (250〜300g)
A コチュジャン……大さじ2
　しょうゆ……大さじ1 1/2
　酒……大さじ1
　白すりごま……大さじ2
　ごま油……大さじ1
　にんにく(すりおろし)
　　……小さじ2
玉ねぎ……1/2個
キャベツ……200g
しめじ……100g
B ピザ用チーズ……50g
　モッツァレラチーズ
　　(粗く刻む)……1個分(100g)

作り方

切って耐熱皿に重ねる　前8　10分　→　電子レンジで加熱する　後2　10分

1 鶏もも肉は余分な脂を切り取って1.5cm角に切り、ボウルに入れてAを加えてからめる。

2 玉ねぎは横1cm厚さに切る。キャベツはざく切りにする。しめじはほぐす。

3 耐熱皿に2を広げ入れ、1を調味料ごと全体にかけ、ふんわりラップをかけて冷蔵庫へ。

4 ラップをかけたまま電子レンジに約8分かける。取り出して軽く混ぜ、Bを散らし、チーズが溶けるまでレンジに2〜3分かける。

―アドバイス―
チーズを散らす前に混ぜて、調味料が全体にからむようにするとおいしい。

＊電子レンジで火を通し、**冷蔵庫で翌日まで**もつ。食べる前にチーズをのせて温める。

献立のヒント｜もやしとにらのナムル⇒P.111、ザーサイとレタスのスープ⇒P.126

調理家電で後仕上げ

豚ばらと白菜の ミルフィーユ蒸し

前仕込みは切って重ねるだけ、後仕上げはチンするだけ。

材料(2人分)

豚ばら薄切り肉……250g
白菜……1/4個(約600g)
塩・こしょう……各適量

作り方

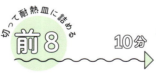

1 白菜は芯を切り取る。白菜1枚に豚ばら薄切り肉1〜2枚をのせ、塩、こしょう各少量をふる。これを繰り返す。

2 5cm幅に切り、切り口を上にして耐熱皿に詰める。ふんわりとラップをかけ、冷蔵庫へ。

3 ラップをしたまま電子レンジに約15分かける。

> **アドバイス**
> 火の通りの見極めは、中央の肉が下まで白くなっているかで判断してください。好みでポン酢や柚子こしょう、ラー油入り酢じょうゆなどをつけても。

＊この状態で冷蔵庫で翌日までもつ。

献立のヒント│ゆでごぼうのごま和え⇒P.113、あさりのおすまし⇒P.122

材料(2人分)

かじき……2切れ(200g)
生しいたけ……2〜3個
長ねぎ(青い部分)……適量
A ┃ みそ……大さじ1弱
　┃ 砂糖……小さじ1
　┃ 長ねぎ(小口切り)
　┃ 　……10cm分
　┃ マヨネーズ
　┃ 　……大さじ1 1/2
塩……適量
サラダ油……小さじ2

かじきとねぎの みそマヨ焼き

アルミ箔にのせて焼くので、洗い物もラクラク。

作り方

焼いてアルミ箔にのせる
前8　15分

1 かじきは塩小さじ1/2をからめて約10分おき、水で洗ってペーパータオルで水気を拭き取る。

2 生しいたけは食べやすく切り、長ねぎは斜め切りにし、一緒にサラダ油小さじ1と塩少量をからめる。

3 フライパンを弱めの中火にかけ、残りのサラダ油をひいて1を焼く。片面1分半を目安に両面を焼く。アルミ箔にかじきをのせ、2を並べ、アルミ箔を器状に形作ってラップをする。Aを合わせ、すべて冷蔵庫へ。

オーブントースターで焼く
後2　12分

4 ラップをはずしてオーブントースターの天板にのせ、Aを全体にかけて約10分焼く。

― アドバイス ―
焼き色に気を取られていると、焼きすぎてパサつくことがあるので注意しましょう。

＊この状態で冷蔵庫で翌日までもつ。

献立のヒント│大根と帆立の和えもの⇒P.109、梅とたたき長いものおつゆ⇒P.123

後仕上げは盛りつけるだけ

サーモンとじゃがいも、アボカドのマヨソース

火さえ通しておけば、切って盛るだけ。

材料（2人分）

甘塩鮭……2切れ（200g）
こしょう……適量
A｜酒……大さじ2
　｜水……大さじ3
じゃがいも……中2個
アボカド……1個
B｜レモン汁……小さじ1
　｜マヨネーズ……大さじ4
　｜オリーブ油……大さじ1/2
　｜にんにく（すりおろし）……少量
　｜塩・こしょう……各適量
粗びき黒こしょう……適量

作り方

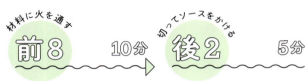

材料に火を通す　前8　10分　切ってソースをかける　後2　5分

1. じゃがいもは皮ごとラップで包み、電子レンジで5分加熱して冷ます。

2. 甘塩鮭はこしょうをふり、フライパンに入れてAをふって中火にかける。沸いたら裏返し、蓋をして1分半蒸し焼きにする。火を止めて余熱で火を通す。

3. Bは合わせ、すべて冷蔵庫へ。

4. アボカドと1の皮をむき、2とともにすべて食べやすく切って器に盛る。Bと粗びき黒こしょうをかける。

> アドバイス
> 鮭はそのままでもかまいませんが、皮と骨を取ると食べやすくなります。

＊この状態で冷蔵庫で3日間もつ。

献立のヒント│なすのウスターソース炒め⇨P.117、玉ねぎとセロリのスープ⇨P.125

後仕上げは盛りつけるだけ

ゆで豚のポン酢漬け

手に入りやすい季節の野菜をたっぷり用意しましょう。

材料（2人分）

豚ロース薄切り肉……200g
A ┃ ポン酢しょうゆ……50mℓ
　┃ 水……大さじ3
　┃ オリーブ油……大さじ1
　┃ 白すりごま……大さじ1
サラダ菜・かいわれ菜
　（食べやすく切る）……各適量

作り方

肉に火を通す
前8 〜〜〜15分〜〜〜▶

1 大きめのボウルにAを合わせて混ぜる。

2 鍋に湯を沸かし、火を止めて豚ロース薄切り肉を1枚ずつしゃぶしゃぶの要領で湯にくぐらせる。火が通ったら水気をきって1に入れる。途中、湯の温度が下がったら温める。冷めたら漬け汁ごとポリ袋に移す。

3 サラダ菜、かいわれ菜は水に浸してパリッとさせ、水気をよくきる。すべて冷蔵庫へ。

器に盛る
後2 5分

4 2、3を器に見栄えよく盛り、漬け汁をかける。

―アドバイス―
漬け汁は肉だけでなく、野菜にもかけて一緒にいただきましょう。

＊この状態で**冷蔵庫で3日間**もつ。

自分ありがとう
準備しといて

献立のヒント | 小松菜とツナの煮びたし⇒P.114、豆腐とわかめのみそ汁⇒P.122

後仕上げは盛りつけるだけ

［蒸し鶏で2品］

蒸し鶏と野菜の準備は共通。
その日の気分でたれを替えます。

材料（各2人分）

鶏もも肉（または鶏むね肉）
　……1枚（250〜300g）
A｜酒……大さじ2
　｜水……1/3カップ
塩・こしょう……各適量
添え野菜（きゅうり、トマト、もやし、
　パクチーなど好みのもの）
　……各適量
＊添え野菜は適宜切り、もやしはゆでて水気をきって冷蔵庫へ。

棒棒鶏のたれ
白すりごま……大さじ1 1/2
白練りごま……大さじ1 1/2
しょうゆ……大さじ1 1/2
酢……大さじ1
砂糖……大さじ1/2
しょうが（すりおろし）
　……小さじ1
長ねぎ（みじん切り）……5cm分
ごま油……大さじ1/2

よだれ鶏のたれ
しょうが（すりおろし）
　……小さじ1
砂糖……小さじ2
しょうゆ……大さじ1
酢……小さじ2
白すりごま……小さじ1
粉山椒……少量
ラー油……小さじ1/2

棒棒鶏

作り方

蒸し鶏、野菜の準備をする
前8　10分

1 鶏もも肉は余分な脂を切り取り、厚い部分は切り目を入れて開く。塩、こしょうを軽くすり込む。

2 フライパンにAと1を入れ、中火にかける。煮立ったら裏返し、蓋をして火を弱め、4〜5分蒸し煮する。火を止めて蓋をしたまま冷ます。蒸し汁ごと保存容器に移す。

3 たれの材料をよく混ぜ、すべて冷蔵庫へ。

棒棒鶏のたれ　よだれ鶏のたれ

＊この状態で**冷蔵庫で3日間**、鶏もも肉は漬け汁ごと**冷凍庫で3週間**もつ。鶏むね肉は冷凍に向かない。

献立のヒント｜キャベツのザーサイしょうゆ和え ⇒ P.111、春雨入り中国風スープ ⇒ P.127

よだれ鶏

器に盛る

後2　5分

4 器に添え野菜を盛り、鶏肉を食べやすく切ってのせ、どちらかのたれをかける。

―アドバイス―
鶏むね肉の場合は手でさくと、表面積が増えてたれがからみやすくなります。

献立のヒント｜長いものだし煮 ⇒ P.118、中国風コーンスープ ⇒ P.127

後仕上げはさっと加熱するだけ

ビーフストロガノフ

牛肉は後仕上げでさっと火を通して、出来立てならではの柔らかさに。

材料(2人分)

- 牛赤身切り落とし肉……200g
- A | 塩……小さじ1/3
  | こしょう……適量
- 玉ねぎ……1個
- マッシュルーム……1パック(100g)
- B | トマトダイスカット缶……1/2缶(200g)
  | パプリカパウダー……大さじ1/2
  | 水……1/4カップ
- サワークリーム……90mℓ
- 塩……小さじ1/3
- こしょう……適量
- サラダ油……適量

作り方

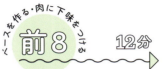 ベースを作る・肉に下味をつける 前8 12分

1. 玉ねぎは薄切りに、マッシュルームは縦半分に切る。

2. 鍋を中火にかけ、サラダ油大さじ1/2を熱する。1を入れて約3分炒め、Bを加えて弱火にし、約5分煮て火を止める。

3. 牛赤身切り落とし肉は食べやすく切る。ポリ袋に入れてAを加えてもみ込み、すべて冷蔵庫へ。

 さっと加熱する 後2 10分

4. 2の鍋を火にかけて温め始める。フライパンを強めの中火にかけ、サラダ油小さじ1を熱する。2の牛肉を軽く炒めて鍋に移す。

5. 塩、こしょうを加えて味をととのえ、サワークリームを加えて軽く混ぜる。

アドバイス

肉を柔らかく仕上げることがおいしさの要。さっと炒めて色が変わったらすぐに鍋へ移します。また、サワークリームを加えたら煮込まずすぐに火を止めましょう。

＊この状態で冷蔵庫で3日間、冷凍庫で3週間もつ。野菜入りソースを冷凍するときは保存容器に移す。

献立のヒント | いんげんの粒マスタードサラダ ⇒ P.110

後仕上げはさっと加熱するだけ

鶏肉のクリーム煮

バターは後仕上げで加えるので、風味がしっかり残ります。

材料(2人分)

- 鶏もも肉(皮なし)……1枚(250g)
- A | 塩……小さじ1/3
  | こしょう……適量
- 玉ねぎ……1/2個
- しめじ……1パック(100g)
- マッシュルーム……1パック(100g)
- B | バター(常温にもどす)……20g
  | 小麦粉……20g
- 白ワイン……1/4カップ
- 水……1・1/4カップ
- 生クリーム(乳脂肪分40%台のもの)……1/2カップ
- 塩……小さじ1/3
- こしょう……適量
- サラダ油……大さじ1/2

作り方

ベースを作る・肉に下味をつける
前8 15分

1 鶏もも肉は余分な脂を切り取って一口大に切り、Aをもみ込む。玉ねぎは薄切り、しめじはほぐし、マッシュルームは食べやすく切る。

2 耐熱ボウルにBを入れてなめらかに混ぜる。

3 鍋にサラダ油を熱し、1を中火で色をつけずに1〜2分炒める。白ワインを加えてしっかり煮立て、水を加えて沸いたらあくを取り除き、弱めの中火で3〜4分煮る。すべて冷蔵庫へ。

さっと加熱する
後2 10分

4 3の鍋を火にかけて沸かし、生クリームを加えて沸いたら火を止める。Bに煮汁を1/2カップほど加えて溶き、なめらかに混ぜ、鍋に戻し入れる。

5 再び火をつけて混ぜながらとろみがつくまで2〜3分煮て、塩、こしょうで味をととのえる。

> **アドバイス**
> バターと小麦粉を練ったものは鍋に入れる前に、煮汁でしっかり溶いてなめらかにしておくとダマになりません。

＊この状態で**冷蔵庫で3日間**もつ。

献立のヒント｜アスパラガスのバター蒸し焼き⇒P.115

後仕上げはさっと加熱するだけ

肉団子の甘酢あん

肉団子はお麸入りでふっくら。ゆでておいてさっと炒めるだけ。

材料(2人分)

- 豚ひき肉……100g
- 鶏ももひき肉……100g
- A | 塩……ふたつまみ
  | こしょう……適量
- 麸……5g
- しょうが(すりおろし)……小さじ1/2
- 卵……1/2個
- 玉ねぎ……1/2個
- ピーマン……2個
- にんじん……50g
- B | しょうゆ……大さじ1 1/2
  | 酒……大さじ1
  | 酢……大さじ1
  | 砂糖……大さじ1 1/2
  | 水……1/4カップ
  | 片栗粉……小さじ1
- ごま油……大さじ1/2

作り方

1 ポリ袋に麸を入れて指で細かくつぶし、豚ひき肉、鶏ももひき肉、**A**を加えて粘りが出るまで練る。しょうが、卵を加えて均一になるまで練り混ぜる。ポリ袋をはさみで切り開き、生地を10等分して団子状に丸める。

2 鍋に湯を沸かし、**1**を入れて約2分ゆで、浮いたら湯をきる。

3 玉ねぎ、ピーマンは2cm角に切り、にんじんは薄い半月切りにする。**B**は混ぜる。すべて冷蔵庫へ。

4 フライパンにごま油をひき、**2**、**3**の野菜を入れて中火にかける。ときどき混ぜて野菜に火が通ったら**B**をよく混ぜて加え、とろみがつくまで手早く混ぜる。

― アドバイス ―
Bの合わせ調味料を加えるときは、底にたまった片栗粉をよく混ぜてから加えましょう。加えたらへらで手早く混ぜると、とろみが均一につきます。

42

*この状態で**冷蔵庫で3日間**もつ。肉団子は**冷凍庫で3週間**もつ。

献立のヒント | なすのしょうがじょうゆ和え ⇒ P.120、わかめともやしのスープ ⇒ P.126

後仕上げはさっと加熱するだけ

麻婆豆腐

豆腐を炒めたなすやもどした春雨にしても。

材料（2人分）

絹ごし豆腐……1丁（約350g）
豚ひき肉……100g
豆板醤……小さじ1/2
サラダ油……大さじ1
A | にんにく（すりおろし）……小さじ1
  | しょうが（すりおろし）……大さじ1
  | 甜麺醤……大さじ1/2
B | 水……1カップ
  | しょうゆ……大さじ1 1/2
  | 酒……大さじ1
  | 砂糖……少量
水溶き片栗粉
  | 片栗粉……大さじ1/2
  | 水……大さじ1
ごま油……小さじ1

作り方

前8 肉みそを作る　10分　→　**後2** 豆腐を加えて温める　8分

1 フライパンにサラダ油と豆板醤を入れ、弱火にかける。香りが立ったら強火にして豚ひき肉を加えて炒める。パラッとしたら、フライパンに肉を押しつけて焼き色をつけながら炒める。

2 火が通ったらAを加えてさっと炒め合わせ、Bを加えて軽く煮立てる。保存容器に移して冷蔵庫へ。

3 2をフライパンに入れて中火にかけ、絹ごし豆腐を2cm角に切って加える。沸いたら弱火にし、豆腐がふっくらするまで2〜3分煮る。水分が少なければ足す。

4 水溶き片栗粉を作って回し入れ、フライパンの底をへらで手早く混ぜる。とろみがついたらごま油を回し入れてひと混ぜする。

＊この状態で**冷蔵庫で3日間、冷凍庫で3週間**もつ。

―アドバイス―
豆腐によって水分量はさまざま。少ない場合はとろみづけの前に水少量を足しましょう。

献立のヒント｜キャベツのザーサイしょうゆ和え⇒P.111、あさりのおすまし⇒P.122

シーフードスープカレー

シーフードは前仕込みで冷蔵庫で解凍しておいても。

材料（2人分）

- シーフードミックス（冷凍）……1袋（170g）
- かぶ……2個
- キャベツ……1/4個
- トマト……1個
- 玉ねぎ……1/2個
- にんにく……1片
- A | 水……2 1/2カップ
  | ブイヨン（固形）……1個
  | カレー粉……小さじ2〜3
- 白ワイン……1/4カップ
- バター……15g
- 塩……小さじ2/3〜1
- こしょう……適量
- オリーブ油……大さじ1

作り方

前8 ベースを作る　15分 → **後2** シーフードをソテーして加える　5分

1. かぶは半分かくし形切りに、キャベツとトマトはざく切りに、玉ねぎ、にんにくは薄切りにする。

2. 鍋にオリーブ油、1のにんにくを入れて中火にかける。香りが立ったらトマトと玉ねぎを入れて軽く炒め、かぶ、キャベツ、Aを加える。沸いたら弱火にして約5分煮て、塩、こしょうで味をととのえる。冷蔵庫へ。

3. 2の鍋を火にかける。シーフードミックスをざるにあげ、湯をかけて周りの氷を溶かし、水気をきる。

4. フライパンにバターを入れ、中火にかけて溶かし、3のシーフードを入れてさっとからめる。白ワインを加えて約1分温め、ワインごと鍋に移して火を止める。

> **アドバイス**
> シーフードは鍋に移したらすぐに火を止めましょう。

＊この状態で**冷蔵庫で3日間**もつ。

献立のヒント｜パプリカのピクルス⇒P.119

みんなの晩ごはん奮闘記 1

ホイル焼きの
はずだったのに

今日の晩ごはんは鮭のホイル焼きにと、あとは包んで焼くだけの状態で仕事へ。仕込んでるってなんて気分が軽やかなんだろう…とウキウキ2時間ほど残業をし、先に帰宅予定の料理のできる夫に、ホイル焼きの準備があると連絡。なんと夫はばっちり買い物をしてしょうが焼きを作っていました。「作り方わからなかったから…」。作ってもらって文句はいえないけど、鮭をそのままにするわけにもいかずもやもやしました。

作り置きは
したけれど…

週末、冷凍保存のためにミートソース作りをしたときのこと。野菜も大量に刻んで入れてさあ完成。これで忙しい日にすぐおいしいパスタが食べられるとホクホクしていた私に、夫「今日、ミートソースなんだ」、私「違うよ。これは困ったとき用」。夫「じゃあ今晩のごはんは何?」、私「…何にも用意してない」。結局外食になり、子どもたちは大喜びでした。トホホ。

part

2

前仕込み5
後仕上げ5

半分半分でラクラク！

前仕込み5割・
後仕上げ5割なら、
調理パターンの幅が
広がります。

前仕込みと後仕上げを半分ずつと考えると、
一見手間がかかりそうな料理や定番料理も気負わず作れます。
ソースのかかったソテーも、肉や魚の下準備を
しておけばスムーズ。揚げものも、
後仕上げが揚げるだけなら思った以上に楽チン。
育ちざかりの子どもたちにも喜ばれます。
ちょっと子どもが大きくなったら、
また定時に帰れる日は5：5がおすすめ。

前仕込み5

前5後5の調理パターン

後仕上げは焼いて ソースと合わせるだけ

肉も魚も切らずに下味をつけておき、基本は焼くだけ。ソースをかけたりからめたりして食卓へ出すと、少しがんばった風に見えるのもうれしい。

後仕上げは 漬け込んだ材料を 焼くだけ

前仕込みで調味料を量って肉や魚を漬け込むから、味がばっちり決まります。後仕上げでもたもたしない分、絶妙な仕上がり具合に。

後仕上げは 揚げるだけ

とにかく食べる前に揚げるだけ。揚げ油が汚れにくい工夫をしたり、初心者向けの衣にしたりなど作りやすいものをご紹介します。

後仕上げは肉だねを 焼く・煮るだけ

ポリ袋のなかで肉だねを作っておくと、後仕上げは成形して焼くだけ、煮るだけ。肉団子も大きく作れば、手間がかかりません。

49

後仕上げは焼いてソースと合わせるだけ

ポークソテー きのこオイスターソース

塩＋砂糖＋水で漬けた豚肉はしっとりした焼き上がりに。

材料（2人分）

豚ロースステーキ用肉
　……2枚（200g）
A｜塩……小さじ1/2
　｜砂糖……小さじ1
　｜水……大さじ3
生しいたけ……3個
長ねぎ……1/2本
B｜オイスターソース
　｜　……大さじ1
　｜酒……大さじ1
　｜水……大さじ1
　｜こしょう……適量
サラダ油……小さじ1
ごま油……小さじ1

作り方

切る・下味をつける
前5　8分　**後5**　10分
肉を焼いてソースをかける

1 豚ロースステーキ用肉は筋切りをする。ポリ袋にAを入れてふり混ぜて溶かし、豚肉を入れて空気を抜いて口を閉じる。

2 生しいたけと長ねぎは薄切りにする。すべて冷蔵庫へ。

3 1は水を捨て、ペーパータオルで水分を拭く。フライパンにサラダ油を熱し、豚肉を中火で両面焼く。計約5分が目安。肉を器に盛る。

4 フライパンの汚れをペーパータオルで拭いてごま油を熱し、2を焦がさないように約2分炒める。Bを加えて全体にさっと混ぜ合わせ、3にかける。

> アドバイス
> 豚肉を取り出したら、フライパンの汚れはきれいに拭き取ってから野菜を炒めましょう。

＊野菜はそのまま、豚肉は水気を捨てて**冷蔵庫で3日間**もつ。豚肉は水気を捨てて**冷凍庫で3週間**もつ。

献立のヒント｜パプリカのピクルス⇒P.119、ザーサイとレタスのスープ⇒P.126

後仕上げは焼いてソースと合わせるだけ

鶏肉のソテー トマトソース

レンジで温めたソースをかけるだけでレストラン風に。

材料(2人分)

鶏もも肉……1枚(250〜300g)
- A
  - 塩……小さじ1/3
  - こしょう……適量
- B
  - トマトダイスカット缶……1/2缶(200g)
  - にんにく(すりおろし)……小さじ1/3
  - 塩……小さじ1/3
  - こしょう……適量
  - オリーブ油……大さじ1 1/2

玉ねぎ……1/2個
黄パプリカ……1/2個
塩……ひとつまみ
サラダ油……小さじ2

作り方

下味をつける・野菜を切る
前5 8分

ソースを作る・焼く
後5 15分

1 鶏もも肉は余分な脂を切り取って半分に切り、厚い部分は切り目を入れて開く。ポリ袋に入れて**A**をすり込む。

2 玉ねぎ、黄パプリカは、1cm厚さの輪切りにしてパプリカはさらに2〜3等分する。すべて冷蔵庫へ。

※この状態で**冷蔵庫で3日間**、鶏肉は**冷凍庫で3週間**もつ。

─ アドバイス ─
皮側の焼き色が足りなければ再び裏返し、強火にして好みの焼き色に仕上げましょう。

3 深めの耐熱ボウルに**B**を入れ、ラップをせずに電子レンジで3分加熱する。

4 フライパンにサラダ油半量を熱し、中火で2を焼く。薄い焼き色がついたら裏返して塩をふり、同様に焼いて器に盛る。

5 ペーパータオルでフライパンを拭き、残りのサラダ油をひいて1を皮目を下にしてぴたっと貼り付けておく。中火にかけてパチパチと音がし始めたら弱めの中火にし、7分を目安に焼く。皮側から7割程度白っぽくなるのが目安。

6 余分な脂をペーパータオルで拭き、裏返して3〜4分焼く。4に盛って3をかける。

献立のヒント | ブロッコリーのツナマヨ和え ⇒ P.110、きのこのミルクスープ ⇒ P.125

後仕上げは焼いてソースと合わせるだけ

チキンチャップ

ポークチャップの鶏肉バージョン。ご飯にもパンにも合います。

材料（2人分）

鶏もも肉……1枚（300〜350g）
A ┃ 塩……小さじ1/4
　 ┃ こしょう……適量
B ┃ 白ワイン……大さじ1
　 ┃ トマトケチャップ……大さじ2
　 ┃ ウスターソース……小さじ1
　 ┃ しょうゆ……小さじ1
サラダ油……小さじ1
レタス……適量

― アドバイス ―
鶏肉を焼いて出た脂は拭き取っておくと、すっきりとした味に仕上がります。

作り方

下味をつける　**前5**　5分　→　焼いてソースをからめる　**後5**　15分

1 鶏もも肉は余分な脂を切り取り、厚い部分に切り目を入れて開き、半分に切る。Aを全体にふってポリ袋に入れ、冷蔵庫へ。

＊この状態で冷蔵庫で3日間、冷凍庫で3週間もつ。

2 フライパンにサラダ油をひき、鶏肉の皮目を下にし、ぴたっと貼り付けておく。中火にかけてパチパチと音がしたら弱めの中火にし、7分を目安に焼く。外側から7割程度白っぽくなるのが目安。余分な脂をペーパータオルで拭き、裏返して3〜4分焼く。

3 Bを順に加えて鶏肉にからめ、器に盛ってレタスを添える。

献立のヒント｜粒マスタード入りコールスロー⇒P.106、玉ねぎとセロリのスープ⇒P.125

さばのソテー オニオンソース

塩さばがオリーブ油とレモンでワインに合うひと皿に。

材料(2人分)

塩さば……2切れ
レモン(輪切り)……2枚
オリーブ油……小さじ2
玉ねぎ……1個
A │ オリーブ油……大さじ3
  │ レモン汁……大さじ1 1/2
  │ 塩……小さじ1/2
  │ こしょう……適量
水菜(ざく切り)……適量

作り方

1 塩さばにレモンとオリーブ油をからめ、大きいポリ袋に平らに入れる。

2 玉ねぎは繊維を断つようにごく薄く切り、水に浸して軽くもんで辛みを出し、よく絞って保存容器に入れる。Aを加えて混ぜ、すべて冷蔵庫へ。

3 1はグリルでこんがり焼き、器に盛って2をかける。水菜を添える。

---アドバイス---
焼き立てもおいしいのですが、ソースをかけてしばらくおくとマリネ状態になっておいしい。

＊この状態で冷蔵庫で3日間もつ。

献立のヒント│大根と帆立の和えもの⇒P.109、玉ねぎ、じゃがいも、トマトのカレースープ⇒P.124

後仕上げは漬け込んだ材料を焼くだけ

豚肉のしょうが焼き

定番料理も味つけしておけば、帰宅後焼くだけで出来上がり。

材料(2人分)

豚しょうが焼き用肉
……6枚(200〜250g)
A｜みりん……大さじ2
　｜しょうゆ……大さじ1
　｜しょうが(すりおろし)
　｜　……大さじ1
　｜砂糖……小さじ1/2
サラダ油……大さじ1/2
キャベツ(細切り)……250g
青じそ(ちぎる)……3枚分

作り方

下味をつける
前5 → 5分

1 ポリ袋にAを入れて軽くもんで混ぜ、豚しょうが焼き用肉を入れて全体にからめ、冷蔵庫へ。

＊この状態で冷蔵庫で3日間、冷凍庫で3週間もつ。

肉を焼く
後5 5分

2 フライパンを中火で熱し、サラダ油をひく。1の汁気を軽くきって広げ、片面1分を目安に両面焼く。キャベツ、青じそとともに器に盛る。

―アドバイス―
肉を裏返すタイミングは、全体が白っぽくなったとき。焼き色がつきにくいときは火を強めましょう。

半分冷凍しておこう

献立のヒント│オクラの梅おかか和え⇒P.113、にら玉みそ汁⇒P.122

後仕上げは漬け込んだ材料を焼くだけ

回鍋肉（ホイコーロー）

甘辛い中華おかずでご飯がもりもり食べられます。

材料（2人分）

- 豚ばら薄切り肉……200g
- A
  - 甜麺醤……大さじ1
  - 酒……大さじ1/2
  - しょうゆ……大さじ1
  - しょうが（すりおろし）……小さじ1
  - にんにく（すりおろし）……小さじ1/2
  - こしょう……少量
- キャベツ……250g
- ピーマン……2個
- 塩……小さじ1/3
- 豆板醤……小さじ1/2
- ごま油……大さじ1

作り方

切って下味をつける　前5　→　5分

1 豚ばら薄切り肉は食べやすく切る。ポリ袋にAを入れて軽くもんで混ぜ、豚肉を入れて全体にからめ、冷蔵庫へ。

＊この状態で冷蔵庫で3日間、冷凍庫で3週間もつ。

炒め合わせる　後5　10分

2 キャベツは大きめに切って塩をふって軽くもみ、水気を絞る。ピーマンは食べやすく切る。

3 フライパンに豆板醤とごま油を入れて中火にかけ、香りが立ったら1を広げ入れてほぐしながら約2分炒める。ほぼ火が通ったら、2を加えてしんなりするまで炒め合わせる。

アドバイス

野菜を炒めるときは、へらを2本使ってサラダを混ぜる要領で下から返すと均一に火が通ります。しんなりしたら菜箸に持ち替えましょう。

献立のヒント | あつあつトマトのだししょうゆがけ⇨P.120、ザーサイと長ねぎのスープ⇨P.126

後仕上げは漬け込んだ材料を焼くだけ

鶏肉とれんこんの柚子こしょう炒め

おかずにもおつまみにもなる一品がシンプル調理法で。

材料(2人分)

鶏もも肉……1枚(250〜300g)
A │ 柚子こしょう
　│ 　……小さじ1〜1 1/2
　│ 塩……ふたつまみ
　│ 酒……大さじ1
れんこん……200g
サラダ油……大さじ1/2

アドバイス
ふっくら仕上げるには最初に蓋をして触らないこと。肉の表面が白っぽくなったら蓋を取って炒めます。

作り方

切って下味をつける
前5 —— 5分 ➤

1　鶏もも肉は余分な脂を切り取り、食べやすくそぎ切りにする。ポリ袋にAを入れて軽くもみ混ぜる。鶏肉を入れて全体にからめ、冷蔵庫へ。

炒め合わせる
後5 —— 10分

2　れんこんは1cm厚さの半月切りにする。

3　フライパンにサラダ油をひき、1、2を広げ入れる。蓋をして中火にかけ、約3分蒸し煮する。蓋を取って全体に炒め混ぜ、火が通るまで約3分炒める。

＊この状態で冷蔵庫で3日間、冷凍庫で3週間もつ。

献立のヒント│長いもの納豆和え⇒P.107、白菜の粕汁⇒P.123

ぶりの照り焼き

フライパンで仕上げるから後片付けもラクラク。

材料(2人分)

ぶり……2切れ(200g)
酒……大さじ1/2
A | みりん……大さじ2
  | しょうゆ……大さじ1
長ねぎ……1本
サラダ油……小さじ1

作り方

下味をつける
前5 8分

1. 長ねぎは4cm長さに切る。

2. ぶりは酒をからめて5分ほどおく。さっと洗って水分を拭き、ポリ袋に入れてAをからめ、冷蔵庫へ。

＊この状態で**冷蔵庫で3日間**、ぶりは**冷凍庫で3週間**もつ。

焼く
後5 10分

3. 2の漬け汁は取り置き、ペーパータオルでぶりの汁気を拭く。

4. フライパンにサラダ油を熱し、1の長ねぎを転がしながら焼き色がつくまで焼いて取り出す。3のぶりを並べて弱めの中火で片面1分半を目安に、両面を焼く。漬け汁を加えて煮立て、からめる。

アドバイス
焦げるのが心配なかたは、魚焼き用のアルミ箔を用いると安心です。

献立のヒント | しらたきとひき肉のしぐれ煮⇒P.117、梅とたたき長いものおつゆ⇒P.123

後仕上げは揚げるだけ

鶏肉のから揚げ

卵入りの衣は油が汚れにくく、後始末も簡単です。

材料（2人分）

鶏ももから揚げ用肉
　……8〜10個
A｜しょうゆ……大さじ1/2
　｜酒……大さじ1/2
　｜しょうが（すりおろし）
　　……小さじ1弱
　｜にんにく（すりおろし）
　　……小さじ1/2
　｜砂糖……小さじ1/2
B｜とき卵……1/2個分
　｜片栗粉……大さじ2
　｜小麦粉……大さじ1
揚げ油……適量

作り方

1. ポリ袋にAを入れて軽くもみ混ぜ、鶏ももから揚げ用肉を入れてからめ、冷蔵庫へ。

＊この状態で**冷蔵庫で3日間**、水分を捨てて**冷凍庫で3週間**もつ。

2. 1の袋から水分を取り除き、Bを加えて均一にもみ混ぜる。

3. 揚げ油を中温（170℃）に熱し、2を約2分揚げて揚げ網に取り出す。2分おいて同じ油で2〜3分、からりと揚げて油をきる。

―アドバイス―
少し面倒でも二度揚げしましょう。余熱で火を入れるとカラッとジューシーに仕上がります。

おなかすいたー

献立のヒント | レタスとじゃこのサラダ⇒P.108、長ねぎと油揚げのみそ汁⇒P.122

後仕上げは揚げるだけ

つくねの磯部揚げ

火の通りやすいひき肉なら揚げ時間はたった3分。

材料（2人分）

鶏ももひき肉……200g
A
- しょうが（すりおろし）……小さじ1
- 片栗粉……小さじ1
- とき卵……1/2個分
- 塩……小さじ1/3
- こしょう……適量

焼き海苔……1枚
揚げ油……適量
かいわれ菜……適量

作り方

肉だねを作る
前5 8分

揚げる
後5 5分

1 ポリ袋に鶏ももひき肉、Aを入れてもみ混ぜる。焼き海苔は8等分に切る。

＊この状態で**冷蔵庫で翌日まで**もつ。

2 揚げ油を中温（170℃）に熱する。

3 1のポリ袋をはさみで切り開き、1の海苔に肉だねをスプーンでのせて巻き、約3分揚げて油をきる。器にかいわれ菜とともに盛る。

―アドバイス―
海苔にスプーンで肉だねをのせ、海苔の部分を持って油に入れるとスムーズです。油に入れたらしばらく触らず待ちましょう。

献立のヒント｜かぶの塩昆布和え⇒P.107、にら玉みそ汁⇒P.122

えびとズッキーニのフリット

炭酸水入りのフリット衣はふわっと仕上がります。

材料（2人分）

- えび……中8尾
- 片栗粉……小さじ1
- 塩……ふたつまみ
- ズッキーニ……1本
- A | 小麦粉……1/2 カップ
  　　炭酸水……約1/2 カップ
  　　塩……小さじ1/3
  　　こしょう……適量
- 小麦粉……適量
- 揚げ油……適量

作り方

切る・下味をつける
前 5 ——8分——▶

揚げる
後 5 ——8分——

1 えびは殻と尾をむいて背わたを取り除く。ボウルに片栗粉とともに入れ、少量の水（分量外）を加えてもむように混ぜ、粉が灰色になったら水ですすぐ。ペーパータオルで水気を拭き、ポリ袋に入れて塩をふってもみ混ぜる。

2 ズッキーニは1cm厚さの輪切りにする。すべて冷蔵庫へ。

＊この状態で冷蔵庫で翌日までもつ。

3 ボウルにAを入れて軽く混ぜて衣を作る。1と2の袋それぞれに小麦粉大さじ1/2〜1を加えてふり混ぜ、薄く小麦粉をつける。

4 揚げ油を中温（170℃）に熱し、3の余分な粉を落とし、衣をつけて2〜3分揚げ、油をきる。

アドバイス
衣はホットケーキミックス程度の固さが目安。炭酸水は開け立てを使いましょう。

献立のヒント｜かぼちゃサラダ⇒P.118、玉ねぎ、じゃがいも、トマトのカレースープ⇒P.124

後仕上げは肉だねを焼く・煮るだけ

ハンバーグ
粒マスタードケチャップソース

肉だねはポリ袋の中で練り上げるので手が汚れません。

材料（2人分）

合いびき肉……200g
玉ねぎ……1/2個（100g）
A とき卵……1/2個分
　パン粉……大さじ2
　牛乳……大さじ1 1/2
　塩……小さじ1/3
　こしょう……適量
ソース
　トマトケチャップ
　　……大さじ1
　ウスターソース
　　……小さじ1
　粒マスタード
　　……小さじ2
付け合わせ（ゆでブロッコリーなど）
　……適量
サラダ油……小さじ2

作り方

肉だねを作る
前 5 12分

成形して焼く
後 5 15分

1 玉ねぎはみじん切りにし、耐熱皿に広げてサラダ油小さじ1をからめる。ふんわりとラップをかけ、電子レンジに2分半かけて冷ます。

2 ポリ袋にAを入れてもみ混ぜる。パン粉がふやけたら合いびき肉を加え、よく練り混ぜる。1を加えて均一に混ぜ、冷蔵庫へ。

＊焼いて冷蔵庫で2日間もつ。

3 2を2等分して2cm厚さのハンバーグ状に形作る。フライパンにサラダ油小さじ1を熱し、肉だねを並べて中央を軽くへこませ、中火で焼く。

4 パチパチと音がしたら蓋をして弱めの中火にし、約5分焼く。裏返し、蓋をせずにさらに約5分焼く。付け合わせとともに器に盛ってソースの材料を混ぜてかける。

---アドバイス---
火の通りにくい中央は最初にへこませましょう。焼き始めはむやみに触らず、焼き固まるまで待つとくずれません。

献立のヒント｜ブロッコリーのツナマヨ和え⇨P.110、つぶしじゃがいものポタージュ⇨P.124

後仕上げは肉だねを焼く・煮るだけ

鶏つくね

隠し味のみそがコクを出す、飽きのこないおかず。

材料(2人分)

鶏ももひき肉……200g
A│片栗粉……大さじ1/2
　│みそ……大さじ1/2
　│しょうが(すりおろし)
　│……小さじ1
B│みりん……大さじ2
　│しょうゆ……大さじ1
サラダ油……小さじ1
サラダ菜……適量
七味唐辛子(好みで)……適量

---アドバイス---
どんな形でもかまいません。厚みは1.5cmが目安です。

作り方

肉だねを作る
前5 → 5分

1. ポリ袋に鶏ももひき肉、Aを入れて充分に練り混ぜ、冷蔵庫へ。

※この状態で冷蔵庫で翌日まで、冷凍庫で3週間もつ。解凍して成形する。

焼く
後5 10分

2. フライパンにサラダ油をひき、1を6等分にして形作りながら並べる。中火にかけ、パチパチと音がしたら弱めの中火にし、蓋をして約2分焼く。裏返し、蓋をせずに約2分焼く。

3. Bを加え、フライパンをゆすってからめ、照りをつける。器に盛ってサラダ菜を添え、好みで七味唐辛子をふる。

献立のヒント｜こんにゃくの甘みそがけ⇒P.112、白菜の粕汁⇒P.123

材料(2人分)

豚ひき肉……200g
A
- 長ねぎ(みじん切り)……10cm分
- しょうが(すりおろし)……小さじ1
- 片栗粉……大さじ1/2
- とき卵……1/2個分
- 塩……小さじ1/3
- こしょう……適量

B
- 鶏がらスープの素……大さじ1
- 水……2カップ

もやし……1袋
青梗菜……小2株
水溶き片栗粉
- 片栗粉……大さじ1
- 水……大さじ2

塩・こしょう……各適量
粗びき黒こしょう……適量
サラダ油……大さじ1/2
ごま油……小さじ1

─ アドバイス ─
煮るときは、肉団子がスープから出た状態でも大丈夫。固まるまで触らないこと。

大きな肉団子と野菜のスープ煮

大きく丸めるから手間がかかりません。

作り方

肉だねを作る・野菜を切る
前5 → 8分

1. ポリ袋に豚ひき肉、Aを入れてよく練り混ぜる。

2. 青梗菜は横半分に切り、もやしは洗って水気をきる。すべて冷蔵庫へ。

※この状態で**冷蔵庫で翌日**まで、肉子は**冷凍庫で3週間**もつ。解凍して成形する。

煮る
後5　15分

3. フライパンにサラダ油を熱し、1の肉だねを4等分にして丸めて並べ、中火で全体に焼き色をつける。Bを加えて蓋をし、約5分煮て2を加え、しんなりするまで2～3分煮る。

4. 水溶き片栗粉を作って加えて手早く混ぜ、とろみがついたら塩、こしょうで味をととのえ、ごま油を加える。器に盛って粗びき黒こしょうをふる。

献立のヒント｜セロリのきんぴら⇒P.115

みんなの晩ごはん奮闘記 2

常備菜を食べ続ける私

数年ぶりに仕事を始めた私。夕飯作りもなんとかこなすべく、週末に常備菜を数種作って平日に備えました。ひじきの煮もの、切り干し大根など2〜3日分は作り、これで安心と張り切って仕事へ。月曜日は主菜だけ作ってクリア。火曜日も同じように常備菜を出したところ、家族は誰も手をつけません。仕方がないから私だけが食べ続け、味は落ちていくは、家族には別のものを作ることになるはで散々。これに懲りて作り置きはやめました。

99％は私が作ったのに！

朝、肉じゃがを作って鍋ごと冷蔵庫に入れて家を出た日。夜までに味がしみる〜しめしめと上機嫌でした。帰宅途中に夫と連絡を取りあったら「もう家につくよ」と返信が。それならば鍋を火にかけてとお願い。私が家についたときは、器に肉じゃがが盛られていて「わーうれしい！」と思ったのもつかの間。娘が「パパがね、肉じゃが作ってくれたの。すごいよパパ！」と大絶賛。夫はまんざらでもない様子。私が作ったんですけどね。

part

3

前仕込み**2**
後仕上げ**8**

少しの仕込みでかなりラク！

先にがんばれないときは
前仕込み2割、後仕上げ8割。

朝早く家を出る日やお弁当作りがある日は、
ほんの少しだけ前仕込みをしましょう。
それでも一から作るよりもずいぶんラクになります。
特に煮ものは火にかける時間が長い分、
ふだんはあきらめがちですが、
前仕込みで下味をつけたり、切ったりしておけば、
火にかけるだけ。その間に副菜や汁ものが作れます。
家族の帰りが遅めの日にも向いています。

煮てる間に副菜を

前仕込み 2

前2後8の調理パターン

前仕込みは
下味をつけるだけ

前仕込みは主素材に下味をつけるだけ。時間のかかる煮ものや餃子なども思った以上に手早くできます。簡単仕込みのおかげで、しっとり仕上がる鶏むね肉のレシピもおすすめです。

前仕込みは
切るだけ・下処理だけ

急いでいるときの調理において、皮をむいたり、切ったり、下処理したりといった段階がいちばんイライラしがち。その工程を前仕込みで済ませておけば、後仕上げはゆったりとできます。

前仕込みは下味をつけるだけ

バターチキンカレー

鍋に入れて煮込むだけでまろやかなインドカレーが出来上がり。

材料:(2人分)

鶏もも肉……1枚(250〜300g)
A | 塩……小さじ1/3
  | こしょう……適量
B | しょうが(すりおろし)
  | ……大さじ1/2
  | にんにく(すりおろし)
  | ……小さじ1
  | トマトケチャップ
  | ……大さじ1/2
  | カレー粉
  | ……小さじ2〜3
  | プレーンヨーグルト
  | ……1/2カップ
バター……15g
C | トマトダイスカット缶
  | ……1缶(400g)
  | しょうが(すりおろし)
  | ……小さじ1
  | にんにく(すりおろし)
  | ……小さじ1/2
D | 生クリーム
  | (乳脂肪分40%以上のもの)
  | ……70mℓ
  | 塩……小さじ1/2
  | こしょう……適量
生クリーム……適量

作り方

切る・下味をつける **前2** 8分 ➡ 軽く煮込む **後8** 20分

1 鶏もも肉は余分な脂を切り取り、食べやすく切ってポリ袋に入れる。**A**を加えてしっかりもみ混ぜ、**B**を加えて全体になじませて冷蔵庫へ。

＊この状態で冷蔵庫で3日間、冷凍庫で3週間もつ。

2 鍋にバターを入れて中火にかけ、溶け始めたら**C**を入れて約2分煮る。**1**を漬け汁ごと加え、沸いたら蓋をずらしてのせ、弱火にしてときどき混ぜながら約15分煮る。

3 **D**を加えて混ぜ、味をととのえる。器に盛って好みで生クリームをかける。

―アドバイス―
生クリームを加えたら温める程度ですぐに火を止めましょう。

献立のヒント｜粒マスタード入りコールスロー ▷ P.106

前仕込みは下味をつけるだけ

焼き餃子

手間がかかる餃子も、あんの下準備をしておけば平日でも作れます。

材料(2人分)

豚ひき肉……150g
A│しょうが(すりおろし)……小さじ1
 │しょうゆ……大さじ1/2
 │オイスターソース……小さじ1
 │ごま油……小さじ1
キャベツ……200g
にら……1/4束
餃子の皮……1袋
水……1/2カップ
サラダ油……大さじ1/2
酢・しょうゆ・ラー油(好みで)……各適量

作り方

野菜を切る・下味をつける　前2　10分　➡　あんを仕上げる・包んで焼く　後8　20分

1 キャベツはゆでてみじん切りにし、水気をよく絞る。にらは小口切りにし、ともにポリ袋に入れる。

2 大きめのポリ袋に豚ひき肉とAを入れてよく練り混ぜる。すべて冷蔵庫へ。

＊肉と野菜を混ぜ、皮で包んで**冷凍庫で3週間**もつ。凍ったまま焼く。

3 2に1を加えて均一にもみ混ぜ、餃子の皮で包む。フライパンにサラダ油をひき、餃子を並べて中火にかける。底が白っぽく焼けたら水を加えて蓋をし、約3分蒸し焼きにする。

4 蓋を取って焼き色がつくまでしっかり焼く。フライ返しで餃子の底をはずし、餃子に皿をかぶせ、上下を返す。好みでラー油を入れた酢じょうゆを添える。

---アドバイス---
蒸し焼きにするときの水加減は、餃子が半分浸る程度が目安です。最後はしっかり水分を飛ばしましょう。

献立のヒント│豆もやしのコチュジャンマヨがけ⇨P.121、春雨入り中国風スープ⇨P.127

前仕込みは下味をつけるだけ

豚肉とじゃがいもの蒸し煮

豚肉に塩をしておくと味がしっかり入り、深い味わいが出ます。

材料（2人分）

豚肩ロースステーキ用肉……2枚（200～250g）
A　塩……小さじ1/3
　　こしょう……適量
じゃがいも……中2個
玉ねぎ……1/2個
グリーンアスパラガス……太めを1束
にんにく……1片
塩……小さじ1/2
こしょう……適量
B｜白ワイン……1/4カップ
　｜水……1/2カップ
サラダ油……小さじ1

作り方

下味をつける　前2　5分　→　炒めて蒸し煮する　後8　20分

1 豚肩ロースステーキ用肉は食べやすくそぎ切りにし、ポリ袋に入れてAをふってもみ込む。冷蔵庫へ。

＊この状態で**冷蔵庫で3日間、冷凍庫で3週間**もつ。

2 じゃがいもは1cm厚さの輪切りに、玉ねぎ、にんにくは薄切りにする。グリーンアスパラガスは固い部分をピーラーでむき、食べやすく切る。

3 フライパンにサラダ油を熱し、1を中火で両面焼く。焼き色がついたら2の玉ねぎ、にんにくを加えてしんなりするまで炒める。

4 2のじゃがいもを広げ入れ、塩、こしょうをふって軽く混ぜる。Bを加えて蓋をし、弱めの中火で約8分蒸し煮する。グリーンアスパラガスを加えてさらに2分蒸し煮にし、煮汁が多ければ火を強めて軽く煮詰める。

―アドバイス―
豚肉にしっかり焼き色をつけると旨みのベースになります。

献立のヒント | ねぎのドレッシングマリネ⇒P.121、ほうれん草のミルクスープ⇒P.125

前仕込みは下味をつけるだけ

［しっとり鶏むね肉で2品］

パサつきが気になる鶏むね肉も、
塩と砂糖の力でしっとり仕上がります。

鶏肉の酸辣湯風

材料（2人分）

鶏むね肉のしっとり漬け

鶏むね肉……1枚（250g）
A | 塩……小さじ1弱
　 | 砂糖……大さじ1/2
　 | 水……1/2カップ

作り方

鶏肉をしっとり漬けにする
前2　5分

1　ポリ袋にAを入れて口を閉じ、ふって調味料を溶かす。鶏むね肉を食べやすく切り、袋に入れて空気を抜き、口を閉じる。冷蔵庫で半日以上おく。

＊半日経ったものは水を抜いて冷蔵庫で3日間もつ。

献立のヒント｜なすのしょうがじょうゆ和え ⇒ P.120

献立のヒント｜ゆでごぼうのごま和え ⇒ P.113

鶏肉の酸辣湯風

鶏むね肉のしっとり漬け
　(左記)……すべて
片栗粉……小さじ2
にんじん……50g
にら……50g
とき卵……1個分
B｜鶏がらスープの素
　　……小さじ1
　｜水……1 1/2 カップ
　｜ごま油……小さじ1
酢……大さじ1
塩・こしょう……各適量

野菜を切る・煮る
後8　　15分

2　にらは4cm長さに切る。にんじんも4cm長さの細切りにする。鍋ににんじん、Bを入れて火にかけてひと煮立ちさせる。

3　1の水気をよく拭いて小さめのそぎ切りにする。片栗粉をからめ、2に加えて約3分煮る。途中で肉を裏返す。

4　火が通ったら2のにらを加え、とき卵を回し入れてかきたま状にする。塩で味をととのえ、こしょうをたっぷりふって器に盛り、酢をかける。好みで粗びき黒こしょう(分量外)をふる。

鶏肉の治部煮風

鶏むね肉のしっとり漬け
　(左記)……すべて
片栗粉……小さじ2
しめじ……1パック
水菜……50g
長ねぎ……1本
油揚げ……1枚
B｜だし汁……1 1/2 カップ
　｜しょうゆ……大さじ1/2
　｜みりん……大さじ1/2
　｜塩……小さじ1/3
わさび……適量

野菜を切る・煮る
後8　　15分

2　しめじはほぐす。水菜、長ねぎは4cm長さに切る。油揚げは短冊切りにしてざるに入れ、熱湯をかけて油抜きをする。

3　鍋にBを入れて中火にかけ、沸いたら2の水菜以外を加えてさっと煮る。

4　1の水気をよく拭いて小さめのそぎ切りにする。片栗粉をからめ、3に加えて約3分煮る。途中、肉を裏返す。火が通ったら2の水菜を加えてさっと煮て、器に盛ってわさびを添える。

鶏肉の治部煮風

前仕込みは下味をつけるだけ

牛肉の韓国風炒め野菜包み

少しの前仕込みですぐに作れる優秀おかず。豚ばら肉でも。

材料（2人分）

牛こま切れ肉　200g
A｜にんにく（すりおろし）
　　……小さじ1/2
　　しょうが（すりおろし）
　　……小さじ1/2
　　しょうゆ……大さじ1
　　みりん……大さじ1
　　ごま油……大さじ1/2
サラダ油……大さじ1
生野菜（サンチュ、パクチーなど）
　　……適量
キムチ……適量

作り方

下味をつける　**前2**　5分　野菜の準備をする・炒める　**後8**　5分

1　ポリ袋に牛こま切れ肉、Aを入れてもみ込み、冷蔵庫へ。

＊この状態で冷蔵庫で3日間、冷凍庫で3週間もつ。

2　生野菜は水に浸してパリッとさせ、水気をきる。

3　フライパンにサラダ油を熱し、1を漬け汁ごとフライパンに広げ入れ、中火で約2分火が通るまで炒め、2、キムチとともに器に盛る。

───アドバイス───
漬け汁は焦げやすいので、フライパンに広げ入れたら手早く炒めてください。焦げそうなときは火を弱めましょう。

献立のヒント｜もやしとにらのナムル⇒P.111、ザーサイとレタスのスープ⇒P.126

前仕込みは切るだけ・下処理だけ

肉じゃが

前仕込みしたじゃがいもは、水に浸しておくと変色しません。

材料（2人分）

牛こま切れ肉……100g
じゃがいも……中2個
にんじん……1/2本
玉ねぎ……1/2個
A｜砂糖……大さじ1 1/2
　｜しょうゆ……大さじ2
　｜みりん……大さじ2
　｜酒……大さじ2
サラダ油……小さじ1

作り方

野菜を切る 前2　5分　炒めて煮る 後8　15分

1 じゃがいもは大きめに切って水とともにポリ袋に入れる。にんじんは小さめの乱切り、玉ねぎはくし形切りにし、すべて冷蔵庫へ。

＊この状態で**冷蔵庫で翌日まで**もつ。

2 鍋にサラダ油を熱し、1のじゃがいもの水気をきって、残りの1とともに中火でさっと炒める。

3 全体に油がまわったら牛こま切れ肉を広げ入れ、肉にAを順にふる。沸いたら蓋をして弱めの中火にし、約5分蒸し煮にする。途中で一度混ぜる。

4 全体を混ぜ、再び蓋をして2〜3分、じゃがいもが柔らかくなるまで蒸し煮する。蓋を取って強めの中火にし、煮汁をほどよく煮詰める。

― アドバイス ―
煮くずれしないように、弱めの中火で蒸し煮にしましょう。蒸し煮すると、味もよく入ります。

献立のヒント|もやしのカレー炒め⇒P.116、長ねぎと油揚げのみそ汁⇒P.122

手羽先と大根の煮もの

火を通して適度に水分を抜いた大根は煮汁をよく含みます。

前仕込みは切るだけ・下処理だけ

材料（2人分）

鶏手羽先……6本
大根……10cm
しょうゆ……大さじ2
みりん……大さじ2
水……1カップ

作り方

前2 大根に火を通す → 10分

1 大根は8等分して皮をむき、半分に切る。耐熱皿に並べ、ラップをかけて7〜8分加熱する。ラップをはずして乾かすように冷まし、冷蔵庫へ。

＊この状態で**冷蔵庫で翌日まで**もつ。

後8 すべて一緒に煮る → 18分

2 鍋に1と残りの材料を入れて中火にかける。沸いたら弱火にし、蓋をして15分煮る。

3 蓋を取って強火にし、煮汁を半量に煮詰める。

― アドバイス ―
最後は強火でしっかり煮詰めて、はっきりとした味に仕上げます。

こんな簡単にできるのね

献立のヒント｜豆苗の卵炒め⇒P.116、豆腐とわかめのみそ汁⇒P.122

前仕込みは切るだけ・下処理だけ

かじきのピカタ

チーズ入り卵衣でコクを出した彩りのよいひと皿です。

材料（2人分）

かじき……2切れ（200〜250g）
塩……小さじ1/2
ズッキーニ……1本
A | 卵……1個
　| 粉チーズ……大さじ1
小麦粉……適量
塩・こしょう……各適量
オリーブ油……大さじ1

作り方

魚の下処理をする **前2** 6分 ▶ 卵衣をつけて焼く **後8** 15分

1 かじきは塩をすり込んで5分おく。さっと洗って水気を拭き、保存容器に入れて冷蔵庫へ。

＊この状態で**冷蔵庫で翌日**までもつ。

2 Aを合わせて混ぜる。ズッキーニは5cm長さに切って縦4等分にする。1は食べやすく切り、小麦粉を薄くつける。

3 フライパンにオリーブ油半量を熱し、2のズッキーニを並べ、中火でこんがりと焼き、塩、こしょう各適量をふって取り出す。

4 ペーパータオルでフライパンを拭き、残りのオリーブ油を熱し、2のかじきにAをつけ、中火で焼く。片面約2分半を目安に、焦げないように両面を焼く。

---アドバイス---
卵液が残ったらそのまま同じフライパンで焼くとミニチーズオムレツができます。

献立のヒント|にんじんのごま酢和え⇒P.106、つぶしかぼちゃのポタージュ⇒P.124

前仕込みは切るだけ・下処理だけ

たらのおろし煮

しみじみおいしい大根おろしたっぷりのさっぱり煮つけ。

材料(2人分)

- 生たら……2切れ (200〜250g)
- 塩……小さじ1/2
- 片栗粉……大さじ1/2
- A
  - だし汁……1 1/2カップ
  - しょうゆ……大さじ1/2
  - みりん……大さじ1/2
  - 塩……小さじ1/3
- 大根……10cm
- まいたけ……1パック
- 三つ葉 (好みで。ざく切り)
  ……少量

---アドバイス---
煮くずれが気になるときは、大根おろしを加える前にたらを取り出しておきましょう。

作り方

たらの下処理をする **前2** 6分

1 生たらは塩をすり込んで約5分おき、表面の水気を拭く。保存容器に入れて冷蔵庫へ。

＊その日のうちに調理し、翌日までもつ。

大根をおろす・煮る **後8** 15分

2 大根はすりおろし、まいたけはほぐす。

3 鍋にAを入れて沸かす。1の水気を拭いて片栗粉をつけ、2のまいたけとともに鍋に入れ中火で約3分煮る。

4 2の大根おろしを加え、ひと煮立ちさせる。器に盛って三つ葉を添える。

献立のヒント | あつあつトマトのだししょうゆがけ⇒P.120、白菜の粕汁⇒P.123

いかとブロッコリーの薬味だれ

いかはお店で内臓を除いてもらうとより簡単です。

材料（2人分）

するめいか……1ぱい
ブロッコリー……小1個
A ┃ 長ねぎ (小口切り)
　┃　……15cm分
　┃ しょうが (すりおろし)
　┃　……小さじ1
　┃ にんにく (すりおろし)
　┃　……小さじ1/2
　┃ しょうゆ……大さじ1
　┃ ごま油……大さじ1/2
　┃ 水……大さじ1
ごま油……大さじ2

---アドバイス---
ゆで湯は約1.5ℓに対してごま油大さじ1が目安。ゆですぎると固くなるので注意しましょう。

作り方

いかを切る
前2 → 8分

1. するめいかは足を抜き、内臓を取り除いて胴と足に分ける。胴は皮をむいて輪切りにし、足は食べやすい大きさに切ってポリ袋に入れる。ごま油大さじ1をからめて冷蔵庫へ。

＊その日のうちに調理して冷蔵庫で翌日までもつ。たれは食べるときにかける。

たれを作る・ゆでる
後8 10分

2. ブロッコリーは小房に分ける。Aは混ぜて電子レンジで30秒温める。

3. 鍋に湯を沸かし、ごま油大さじ1を入れる。1と2のブロッコリーを入れ、1〜2分ゆでてざるにあげ、湯をしっかりきる。器に盛ってAをかける。

献立のヒント｜もやしのカレー炒め⇒P.116、中国風コーンスープ⇒P.127

ご飯と麺も
前後で分けてもっとラク

前も後もよゆうがないときや、疲れが出てくる週の後半は、
思い切って栄養バランスのよいご飯や麺で晩ごはんにしませんか？

牛丼

牛肉に砂糖をもみ込んでおくと固くなりにくく、おいしくできます。

材料（2人分）

牛こま切れ肉……100g
砂糖……小さじ1
長ねぎ……1本
A │ だし汁……3/4カップ
　│ しょうゆ……大さじ2
　│ みりん……大さじ2
　│砂糖……大さじ1/2
紅しょうが……適量
ご飯（温かいもの）
　　……丼2杯分

作り方

肉に下味をつける・煮汁を作る　前8　5分

肉を煮る　後2　5分

1 長ねぎは斜め切りにし、Aとともに鍋に入れて中火にかける。沸いたら火を止める。

2 ポリ袋に牛こま切れ肉と砂糖を入れてもみ込む。すべて冷蔵庫へ。

3 1の鍋を中火にかけ、沸いたら2を入れる。再び沸いたらあくをすくって1〜2分煮る。

4 器にご飯を盛って3をかけ、紅しょうがを添える。

> アドバイス
> 牛肉はさっと火を入れて、柔らかく仕上げましょう。

※この状態で冷蔵庫で3日間もつ。

献立のヒント｜長ねぎと油揚げのみそ汁⇒P.122

鶏飯

奄美大島の郷土料理です。余熱で火を通した鶏肉はしっとり。

材料(2人分)

- 鶏むね肉……1枚(250g)
- A
  - だし汁……2 1/2 カップ
  - しょうゆ……大さじ1
  - 塩……小さじ 1/2
- 卵……1個
- サラダ油……小さじ1
- 薬味(万能ねぎの小口切り、白いりごま)……各適量
- ご飯(温かいもの)……2膳分

作り方

鶏肉に火を通す　前5　→　10分

1. 蓋つきの小鍋にAと鶏むね肉を入れる。鶏肉にだし汁がかぶるようにする。弱火にかけて沸いたら裏返し、1分煮る。蓋をして火を止め、そのまま常温で冷まし、冷蔵庫へ。

＊この状態で冷蔵庫で3日間もつ。

卵を焼く・鶏肉をさく　後5　10分

2. 卵を割りほぐす。フライパンにサラダ油を熱し、中火で卵を薄焼きにする。冷まして8mm幅に切る。

3. 1の鶏肉を細くさき、だし汁は温める。

4. 器にご飯を盛って2、3の鶏肉をのせ、薬味を添えて熱いだし汁をかける。

アドバイス
具材はほかに、しいたけの甘煮や刻み海苔などが定番です。お好みで添えてください。

献立のヒント | きゅうりとわかめのねぎ塩和え ⇒ P.108

ドライカレー

前仕込みした具材でオムレツにしてもおいしい。

材料(2人分)

合いびき肉……100g
玉ねぎ……1/4個
にんじん……30g
ピーマン……1個
A │ カレー粉……大さじ1/2
　│ トマトケチャップ
　│ 　……大さじ1
　│ ウスターソース
　│ 　……大さじ1/2
　│ こしょう……適量
サラダ油……大さじ1/2
ご飯(温かいもの)……1合分

作り方

具材を炒める　前8　10分　→　ご飯に具材を混ぜる　後2　5分

1 野菜はすべてみじん切りにする。フライパンにサラダ油を熱し、合いびき肉、野菜を中火で炒める。

2 火が通ったらAを加え、全体に炒め混ぜる。耐熱容器に入れて冷蔵庫へ。

3 2を電子レンジで軽く温める。大きめのボウルにご飯を入れ、具材を加えて均一に混ぜる。

――アドバイス――
具材とご飯を混ぜるときは、ご飯の色が変わるくらいを目安に混ぜましょう。

＊この状態で冷蔵庫で3日間、冷凍庫で3週間もつ。

献立のヒント｜ほうれん草のミルクスープ➡**P.125**

鶏肉のリゾット

ご飯で手軽にリゾットを。牛乳とチーズでまろやかな仕上がり。

材料（2人分）

- 鶏もも肉……1/2枚（約150g）
- 玉ねぎ……1/3個
- スナップエンドウ……6本
- バター……5g
- 水……1カップ
- 塩・こしょう……各適量
- 牛乳……1/2カップ
- ご飯……200g
- ピザ用チーズ……40g
- 粗びき黒こしょう……適量

＊この状態で冷蔵庫で3日間もつ。

作り方

具材を煮る　前5　12分　ご飯を煮る　後5　8分

1. 鶏もも肉は余分な脂を切り取って1.5cm角に、玉ねぎは1cm角に切る。スナップエンドウは筋を取って斜め半分に切る。

2. 鍋にバターを入れて中火にかける。溶け始めたら1の鶏肉、玉ねぎを入れて軽く炒める。肉の色が変わったら水を加えて約5分煮る。塩、こしょうを加えて味をととのえ、冷蔵庫へ。

3. 2の鍋を中火にかけ、1のスナップエンドウ、牛乳、ご飯を加える。ときどき混ぜながら、とろりとするまで煮る。ピザ用チーズを加えて均一に混ぜ、器に盛って粗びき黒こしょうをふる。

アドバイス
ご飯を加えたら鍋底にくっついて焦げやすくなるので、注意して混ぜましょう。

献立のヒント｜丸ごと玉ねぎのレンジ蒸し⇒P.119

スパゲッティミートソース

ソースは倍量作って冷凍保存しておくと、忙しいときに便利。

材料(2人分)

- 合いびき肉……150g
- 玉ねぎ……1/2個
- にんじん……30g
- にんにく……小1片
- A | トマトダイスカット缶……1/2缶(200g)
  | 水……1/4カップ
- 塩・こしょう……各適量
- オリーブ油……大さじ2
- スパゲッティ……200g
- 粉チーズ……大さじ2

＊この状態で**冷蔵庫で3日間、冷凍庫で3週間**もつ。

作り方

ソースを作る　前8　15分

1 玉ねぎ、にんじん、にんにくはみじん切りにする。フライパンを中火にかけてオリーブ油を熱する。野菜を入れて弱火にし、約2分炒める。合いびき肉を加えて中火にし、焼き色がつくまで炒める。

2 塩小さじ1/2、こしょう適量を加えて炒め、**A**を加えて沸いたら弱火にし、約8分煮込む。耐熱容器に入れて冷蔵庫へ。

パスタをゆでる　後2　10分

3 鍋に湯2ℓを沸かし、塩大さじ1強を入れる。スパゲッティを表示の時間を目安にゆでる。

4 2を電子レンジで温める。3を皿に盛ってソースをかけ、粉チーズをふる。

アドバイス
スパゲッティのゆで上がりと、ソースの温めのタイミングを合わせましょう。

献立のヒント｜かぼちゃサラダ ⇒ P.118

ペンネ アマトリチャーナ

ソースは和えずに器に盛ったパスタにかけても。

材料（2人分）

ベーコン（かたまり）……60g
玉ねぎ……1/2個（100g）
にんにく……小1片
トマトダイスカット缶
　……1缶（400g）
塩・こしょう……各適量
オリーブ油……大さじ1
ペンネ……200g

＊この状態で**冷蔵庫で3日間、冷凍庫で3週間**もつ。

作り方

ソースを作る　前8　15分

1 玉ねぎ、にんにくはみじん切りにする。ベーコンは棒状に切る。

2 フライパンにオリーブ油を熱し、1を約2分中火で炒め、トマトダイスカット缶を加えて弱火にし、約10分煮る。塩、こしょう各適量を加えて味をととのえる。保存容器に入れて冷蔵庫へ。

パスタをゆでて和える　後2　10分

3 鍋に湯を2ℓ沸かし、塩大さじ1強を入れる。ペンネを表示時間を目安にゆでる。2を大きめの耐熱ボウルに移し、電子レンジで温める。ペンネの湯をきってソースにからめる。

― アドバイス ―
ペンネは筒の中に水気がたまりやすいので、しっかり水気をきりましょう。

献立のヒント｜アスパラガスのバター蒸し焼き ⇒ P.115

材料（2人分）

- 豚こま切れ肉……100g
- むきえび……8尾
- 白菜……300g
- 生しいたけ……2個
- しょうが（すりおろし）……小さじ1
- A
  - 中華スープの素……小さじ1
  - 水……250mℓ
- 塩・こしょう……各適量
- 水溶き片栗粉
  - 片栗粉……大さじ1 1/2
  - 水……大さじ3
- ごま油……大さじ2
- 中華蒸し麺……2玉

あんかけ焼きそば

麺のカリッ、あんのとろりが絶妙。ご飯にかけて中華丼にしても。

作り方

具材を煮る
前8 ——— 12分

1 豚こま切れ肉は食べやすく切り、塩少量、こしょう適量をからめる。白菜は1.5cm幅に、生しいたけは7mm幅に切る。

2 鍋を中火にかけてしょうがとごま油半量を入れる。香りが立ったら1の豚肉を色が変わるまで炒め、白菜、しいたけ、むきえび、Aを加えて蓋をし、約5分煮る。塩小さじ1/2、こしょう適量で味をととのえる。

麺を焼く
後2 ——— 8分

3 フライパンに残りのごま油をひき、中華蒸し麺を入れて中火にかける。麺をほぐし広げ、焼き色がついてカリッとしたら裏返してフライ返しでおさえてさらに焼き、皿に盛る。

4 2を火にかけ、沸いたら水溶き片栗粉を作って加えてよく混ぜてとろみをつけ、3にかける。

＊この状態で冷蔵庫で翌日までもつ。

献立のヒント｜青梗菜の中華だれ⇒P.112

材料(2人分)

豚ひき肉……100g
玉ねぎ……1/2個
にんにく(すりおろし)
　……小さじ1/2
しょうが(すりおろし)
　……小さじ1
A ┃ 水……大さじ3
　┃ みそ……大さじ4
　┃ しょうゆ……大さじ1/2
　┃ 砂糖……小さじ1
白すりごま……大さじ2
ごま油……大さじ2
きゅうり(細切り)……1本分
もやし……1袋
中華麺(生)……2玉
一味唐辛子(好みで)……少量

じゃじゃ麺

暑い時期は冷たくしてどうぞ。温玉をのせても。

作り方

肉みそを作る
前5 　10分　野菜を準備する・麺をゆでる **後5** 　8分

1 玉ねぎはみじん切りにする。鍋にごま油半量を熱して玉ねぎ、にんにく、しょうがをしんなりするまで炒める。豚ひき肉を加えてパラッとするまで炒める。

2 Aを加えてしっかり混ぜ、とろりとするまで1～2分煮る。白すりごまを加えて混ぜ、保存容器に入れて冷蔵庫へ。

3 鍋に湯を沸かしもやしをさっとゆで、網じゃくしですくってざるに広げて冷ます。同じ湯で中華麺をゆで、湯をきってごま油半量をからめ、器に盛る。きゅうり、もやし、2をのせ、好みで一味唐辛子をふる。

──アドバイス──
冷やし麺の場合は麺を水で締め、ごま油はからめません。

＊この状態で冷蔵庫で3日間、冷凍庫で3週間もつ。

献立のヒント｜キムチともやしのスープ⇒P.126

便利な買い置き食材で
前仕込み不要のスピード献立

疲れて起きられず前仕込みができないときも慌てないで！
便利な買い置きをしておけば、
前仕込み0でもパパッと主菜が作れます。
週に1度は前0にしてもいいかも！？

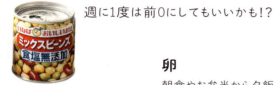

魚や豆の缶詰

人気のさば缶、いわし缶やミックスビーンズ缶など、保存に気を使わず長くもつたんぱく質は主菜作りの味方。特に魚の缶詰はそのままでも食べられますが、鍋や煮物などにも向きます。

卵

朝食やお弁当から夕飯まで幅広く活躍する卵は、常備している家庭も多いのでは？ 和洋中どんな味にも適応する万能食材です。

ハム・ソーセージ

とにかく困ったときは肉加工品。そのまま焼くだけでも食べられ、旨みにもなるのでスープや煮込みにも向きます。保存期間が長いものを選びましょう。

究極の前0は焼き魚献立

冷凍庫に加工した魚を保存しておきましょう。
焼くだけで主菜になる優秀食材です。
解凍時に離水の心配がなく、
味の劣化もほとんどありません。

さばの文化干し

さばのみりん干し

ほっけの干もの

さわらの西京漬け

さば缶で

さばのキムチチゲ

缶詰なら骨ごと食べられてカルシウム満点。生臭さもありません。

材料（2人分）

- さば缶（水煮）……1缶（150〜200g）
- 白菜キムチ……150g
- **A** | にんにく（すりおろし）……小さじ1/2
  | しょうが（すりおろし）……小さじ1
  | ごま油……大さじ1
- 水……1カップ
- 絹ごし豆腐……小1丁
- しょうゆ……適量

作り方

1 土鍋にAを入れて中火にかけ、香りが立ったら白菜キムチをさっと炒める。さば缶を汁ごと、水とともに加えて約3分煮る。

2 絹ごし豆腐をまるごと加え、軽くくずしてひと煮立ちさせる。しょうゆで味をととのえる。

献立のヒント｜きゅうりとわかめのねぎ塩和え ⇒ P.108

ソーセージ・ミックスビーンズ缶で

ソーセージとミックスビーンズのトマト煮

トマト缶も常備すればいつでも作れます。ワイン好きにもおすすめ。

材料（2人分）

- ソーセージ……8本
- ミックスビーンズ缶……100g
- トマトダイスカット缶……1缶(400g)
- にんにく（すりおろし）……小さじ1/2
- オリーブ油……大さじ2
- 塩・こしょう……各適量

作り方

1 鍋にオリーブ油を熱し、ソーセージ、ミックスビーンズを中火でさっと炒める。

2 トマトダイスカット缶、にんにくを加えてときどき混ぜながら約5分煮る。塩、こしょうで味をととのえる。

献立のヒント｜ブロッコリーのツナマヨ和え ⇒ P.110

卵で

ほうれん草とベーコンのオムレツ

冷凍ほうれん草なら下ゆでなしで炒められて便利です。

材料（2人分）

- ほうれん草（冷凍）……200g
- ベーコン（スライス）……50g
- 卵……3個
- 塩・こしょう……各適量
- にんにく（すりおろし）……小さじ1/2
- ピザ用チーズ……40g
- オリーブ油……大さじ1

作り方

1. ボウルに卵を割りほぐす。ベーコンは2cm幅に切る。

2. 直径20cmくらいのフライパンにオリーブ油半量を熱し、にんにく、ほうれん草、1のベーコンを中火で炒める。塩、こしょうで味をととのえて取り出す。

3. フライパンを洗って残りのオリーブ油を熱し、中火にして1の卵液を流し入れ、箸でぐるぐると軽く混ぜて丸くととのえる。2とピザ用チーズを全体に広げて底が固まったら火を止める。

献立のヒント｜かぼちゃサラダ⇒P.118、きのこのミルクスープ⇒P.125

材料も作り方もシンプルに
スピード副菜&
和洋中の汁もの

主菜をクリアしても、それだけで晩ごはんとはならないのが
辛いところ。副菜や汁もの作りの負担をなくすには、
材料をあれこれ使わないこと。
そして作業工程を少なくすることです。
さまざまな主菜に合う1ヵ月分の副菜と
和洋中の汁ものをご紹介します。

[副菜] 切って和えるだけ

粒マスタード入り コールスロー

時間によゆうがあれば少しおくと
味がなじんで美味。

にんじんの ごま酢和え

さっぱり味で
和洋中どんな主菜にも合います。

材料(2人分)と作り方

キャベツ150gは細切りにし、塩小さじ1/3でもんでしばらくおく。水洗いしてしっかり水気を絞り、マヨネーズ大さじ1/2、粒マスタード小さじ1を混ぜ、塩、こしょう適量で味をととのえる。

材料(2人分)と作り方

にんじん100gは包丁かスライサーで細切りにし、塩ふたつまみをふって軽くもみ、ぎゅっと絞ってボウルに入れる。白すりごま大さじ1、酢、砂糖を各小さじ1を混ぜて加え、和える。

長いもの納豆和え
疲れた体の味方、
ネバネバ食材をダブルで。

かぶの塩昆布和え
旨みと塩気を備えた
塩昆布のみで味つけ。

材料(2人分)と作り方
長いも150gは1.5cm角に切り、万能ねぎ適量は小口切りにして、納豆1パックと付属のたれとともに和える。

材料(2人分)と作り方
かぶ小2個(150g)は皮をむき、小さめのくし形切りにする。ポリ袋に塩昆布ふたつまみとともに入れてもみ混ぜる。

[副菜] 切って和えるだけ

レタスとじゃこのサラダ

じゃこドレッシングをかけた
シャキシャキサラダ。

きゅうりとわかめのねぎ塩和え

名コンビは酢のものだけでは
ありません。

材料(2人分)と作り方
レタス2枚(約150g)は水に浸してパリッとさせる。サラダスピナーで水気をしっかりきり、食べやすくちぎって器に盛る。ボウルにちりめんじゃこ大さじ2、酢大さじ1/2、しょうゆ小さじ1、ごま油大さじ1を入れ、よく混ぜてレタスにかける。

材料(2人分)と作り方
きゅうり1本は輪切りにし、塩小さじ1/3をふってしばらくおく。よくもんで水洗いして水気を絞る。乾燥わかめ小さじ1を水でもどし、水気を絞る。長ねぎ5cmは小口切りにする。すべてボウルに入れ、ごま油、しょうゆ各小さじ1弱を加えて和える。

大根と帆立の和えもの

帆立缶の旨みで大根が贅沢な一品に。

アボカドのわさびじょうゆ和え

栄養価の高いアボカドを和の副菜に。

材料(2人分)と作り方

大根150gは薄いいちょう切りにし、塩小さじ1/3をからめて約5分おく。よくもんで水洗いして水気を絞る。帆立缶小1缶(70g)は軽く水気をきってボウルに入れる。大根を加えてよく混ぜ、味をみて足りなければ塩で味をととのえる。

材料(2人分)と作り方

アボカド1個は中央にぐるりと切り込みを入れ、半分に切って種を除く。スプーンで食べやすい大きさにすくい取り、器に盛る。わさび適量、しょうゆ小さじ1を混ぜてアボカドにかけ、もみ海苔適量をのせる。

[副菜] ゆでて和えるだけ

ブロッコリーの ツナマヨ和え

ツナマヨはほかのゆで野菜にも合います。

いんげんの 粒マスタードサラダ

さっぱりとしたサラダは揚げものに合わせても。

材料（2人分）と作り方
ブロッコリー100gは小房に分け、さっとゆでて湯をきり、冷めたらボウルに入れる。ツナ缶小1缶の油をしっかりきり、マヨネーズ大さじ1/2とともにボウルに加えて和える。

材料（2人分）と作り方
さやいんげん100gは食べやすく切ってゆで、水気をきる。ボウルに酢、粒マスタード各小さじ1、塩、こしょう各少量、サラダ油小さじ2を入れて混ぜ、さやいんげんを加えて和える。

もやしとにらの ナムル

もやしはひげ根を取らなくてもOK。
シャキシャキ感を楽しんで。

キャベツのザーサイ しょうゆ和え

ザーサイの旨みでもりもりキャベツが
食べられます。

材料(2人分)と作り方

にら50gは食べやすく切り、もやし1袋(200g)とともにさっとゆでて、湯をきる。ボウルに入れて、ごま油大さじ1、塩小さじ1/3、こしょう、にんにく(すりおろし)各少量、白すりごま大さじ2を加えて和える。

材料(2人分)と作り方

キャベツ150gはさっとゆでて水気をきり、食べやすく切って器に盛る。ザーサイ20gは粗く刻んでボウルに入れ、しょうゆ、ごま油各小さじ1を加えてよく混ぜ、キャベツにかける。

[副菜] ゆでて和えるだけ

こんにゃくの甘みそがけ

ちぎったこんにゃくには、みそがよくからみます。

青梗菜の中華だれ

青梗菜は根元からゆでましょう。粉山椒はお好みで。

材料（2人分）と作り方
こんにゃく200gは小さめの一口大にちぎってゆで、水気をきる。耐熱ボウルにみそ小さじ2、砂糖、みりん、白すりごま各小さじ1を入れてよく混ぜ、電子レンジに約30秒かける。器にこんにゃくを入れ、みそをかける。

材料（2人分）と作り方
青梗菜2株は長さを半分に切り、根元は縦6つに切る。さっとゆでて湯をきり、器に盛る。ボウルに塩小さじ1/3、ごま油大さじ1/2、しょうが(すりおろし)小さじ1/2を合わせて混ぜ、青梗菜にかける。粉山椒適量をかける。

オクラの梅おかか和え

夏の定番和えものは食欲のないときにも。

ゆでごぼうのごま和え

たたきごぼうにして味をからみやすくします。

材料（2人分）と作り方
オクラ1袋はさっとゆでて小口から切る。梅干し中1個は種を除き、包丁でたたいてペースト状にする。ボウルにオクラ、梅、かつお削り節2gを入れて和える。

材料（2人分）と作り方
ごぼう100gは皮をこそげ、鍋に入る長さに切って縦半分に切る。水に約5分浸し、水気をきって鍋に入れ、柔らかくゆでる。麺棒などでたたいて軽くつぶし、食べやすく切り、ボウルに入れる。白すりごま、しょうゆ各大さじ1、砂糖小さじ1を加えて和える。

スピード副菜＆和洋中の汁もの

［副菜］さっと加熱するだけ

れんこんの
チーズソテー

チーズが溶けないように手早く器に盛りましょう。

小松菜とツナの
煮びたし

すべての材料を鍋に入れて火にかける超簡単副菜。

材料（2人分）と作り方

れんこん150gは、1cm厚さのいちょう切りにする。フライパンにオリーブ油大さじ1/2を熱し、れんこんを中火で焼く。3〜4分ときどき返しながら焼き、焼き色がついたら火を止める。塩、こしょう各少量、粉チーズ大さじ1 1/2をふって軽く混ぜ、すぐに器に盛る。

材料（2人分）と作り方

小松菜1束（200g）は4cm長さに切り、鍋に入れる。ツナ缶小1缶（70g）の油を軽くきって加え、水150ml、酒大さじ1、しょうゆ大さじ1/2を加えて中火にかける。ひと煮立ちしたら全体に混ぜ、さらに約2分煮てしんなりさせる。

セロリのきんぴら

洋野菜のセロリを
ご飯が進む和の副菜に。

アスパラガスの
バター蒸し焼き

フランス料理の手法「エチュベ」で
シンプルに。

材料(2人分)と作り方
セロリ1本は葉ごと5mm厚さの斜め切りにする。フライパンにサラダ油小さじ1を熱し、セロリをしんなりするまで中火で約2分炒める。みりん大さじ1、しょうゆ大さじ1/2を加えて火を強め、汁気がほぼなくなるまで炒り煮する。

材料(2人分)と作り方
アスパラガス(太いもの)4本は根元の固い部分をピーラーでむき、食べやすく切る。小さいフライパンにバター5g、アスパラガス、水大さじ4を入れて蓋をし、中火にかける。沸いてから約1分加熱し、火を止めて塩、こしょう各少量で味をととのえる。

[副菜] さっと加熱するだけ

もやしの カレー炒め

辛さはカレー粉の量で調整してください。

豆苗の卵炒め

豆苗の独特の風味が卵でまろやかに。

材料(2人分)と作り方
フライパンに塩小さじ1/3、サラダ油大さじ1/2を入れ、中火にかける。熱くなったらもやし1袋を入れてしんなりするまで炒め、カレー粉小さじ1/2をふり入れて全体に混ぜる。

材料(2人分)と作り方
豆苗1袋は根を切り落とす。ボウルに卵1個を割りほぐし、塩、こしょう各少量で味をつける。フライパンに塩小さじ1/4、サラダ油大さじ1/2を入れて中火にかける。熱くなったら豆苗を炒め、しんなりしたら卵液を加え、軽く混ぜて半熟状態にする。

しらたきとひき肉の しぐれ煮

甘辛く炒りつけたしらたきは
ご飯にぴったり。

材料（2人分）と作り方
しらたき1袋(150g)は水気をきって食べやすく切る。フライパンにサラダ油小さじ1を熱し、鶏ももひき肉50gを中火で軽くほぐし炒める。しらたきを加えてさっと炒め合わせ、しょうゆ、みりん各大さじ1、砂糖小さじ1を加えて煮汁がなくなるまで炒り煮する。

なすの ウスターソース炒め

味つけは旨みや風味が豊富な
ウスターソースのみ。

材料（2人分）と作り方
なす3本は1cm厚さに切る。フライパンにサラダ油大さじ1/2をひき、なすと水大さじ2を入れて蓋をし、中火にかける。約1分半加熱して、なすを裏返す。蓋を取って水分を飛ばし、軽く焼き色をつけ、ウスターソース大さじ1/2を回し入れ、全体にからめる。

スピード副菜&和洋中の汁もの

[副菜] レンジでチンするだけ

長いものだし煮
とろみのついただし汁がなじむ
ホクホクの食感。

かぼちゃサラダ
かぼちゃが温かいうちに
ラップごとつぶします。

材料(2人分)と作り方
長いも150gは食べやすい大きさの棒状に切る。ボウルに長いも、麺つゆ(3倍濃縮のもの)大さじ1、水大さじ3を入れ、ラップをふんわりかけて電子レンジで2分加熱する。

材料(2人分)と作り方
かぼちゃ150gはラップで包んで約4分、柔らかくなるまで電子レンジで加熱する。粗熱を取ってラップごともみつぶし、ボウルに入れる。玉ねぎ15gは薄切りにして水に浸し、軽くゆすいで水気をきってしっかり絞る。かぼちゃが冷めたら玉ねぎ、マヨネーズ大さじ1、塩、こしょう各少量を加えて混ぜる。

丸ごと玉ねぎの
レンジ蒸し
玉ねぎ本来の甘みが際立ち
おどろきのおいしさ。

パプリカのピクルス
どんな献立にでも合うピクルスが
電子レンジで1分。

材料(2人分)と作り方
玉ねぎ小2個(1個約150g)は皮をむいて十字に切り目を入れる。耐熱皿にのせてラップをふんわりとかけ、電子レンジで約8分加熱する。器に盛ってオリーブ油、塩、黒こしょうをそれぞれ好みの量かける。

材料(2人分)と作り方
パプリカ(赤・黄など)1個は小さめの乱切りにする。耐熱ボウルに酢、水各大さじ1、砂糖小さじ2、塩ふたつまみを入れて混ぜ合わせ、パプリカを加えて軽く混ぜる。ラップをふんわりかけて電子レンジで約1分加熱する。全体に混ぜてなじませる。

スピード副菜&和洋中の汁もの

[副菜] レンジでチンするだけ

あつあつトマトの
だししょうゆがけ

ジュワッとくずれる果肉に
だししょうゆがからむ。

なすのしょうが
じょうゆ和え

なすは手でさくと
味がなじみやすくなります。

材料(2人分)と作り方
トマト中2個(1個150g)はへたを取り、へた側を下にして耐熱皿にのせる。ラップをふんわりとかけ、電子レンジで約5分加熱する。1個ずつ器に盛って麺つゆ(3倍濃縮のもの)小さじ1とかつお削り節適量をそれぞれにかける。

材料(2人分)と作り方
なす3本はへたを取ってラップで包み、電子レンジに約4分かける。粗熱が取れたら食べやすくさく。ボウルにしょうが(すりおろし)小さじ1/2、しょうゆ大さじ1弱を入れて混ぜ、なすを加えて和える。

ねぎの
ドレッシングマリネ

加熱で甘みが増したねぎは
冷まして味を含ませて。

豆もやしの
コチュジャンマヨがけ

コチュジャンマヨの辛うまだれは
やみつきに。

材料(2人分)と作り方
長ねぎ(太いもの)1本は4cm長さに切り、耐熱皿に並べてラップをかけ、電子レンジで2〜3分加熱する。ボウルに酢小さじ1、オリーブ油大さじ1、塩小さじ1/4、こしょう適量を入れてよく混ぜる。長ねぎの汁気をきってボウルに入れ、冷めるまでおく。

材料(2人分)と作り方
豆もやし1袋を耐熱ボウルに入れ、ラップをふんわりかけ電子レンジで約3分加熱する。ざるに広げて水気をきり、粗熱が取れたら軽く絞って器に盛る。ボウルにコチュジャン小さじ1、マヨネーズ大さじ1を入れて混ぜ、豆もやしにかける。

［和の汁もの］

にら玉みそ汁
卵はといてふわふわの
かきたま状にしても。

材料（2人分）と作り方
にら5本は小口切りにする。鍋にだし汁2カップを沸かしてにらを入れ、みそ大さじ1 1/2を溶かす。卵2個をそっと割り入れて半熟状態まで火を通す。
＊具材を替えて「豆腐とわかめのみそ汁」、「長ねぎと油揚げのみそ汁」など定番のものでも。

あさりのおすまし
砂抜きとこすり洗いで
すっきりおいしく。

材料（2人分）と作り方
あさり100gは砂抜きをし、しっかりこすり洗いする。鍋に水2カップとあさりを入れ、中火にかける。沸いたら丁寧にあくをすくい、あさりの口が開いたら味をみて塩、しょうゆ各少量で味をととのえる。

スピード副菜＆和洋中の汁もの

梅とたたき長いものおつゆ

梅干しをくずしながら
つゆとからめていただきます。

白菜の粕汁

体の芯まで温まる粕汁は
ほかの野菜でも。

材料(2人分)と作り方
長いも100gは皮をむいてポリ袋に入れ、麺棒などでたたいて食べやすくくずす。梅干し2個はそれぞれお椀に入れる。鍋にだし汁2カップ、長いもを入れて中火にかける。さっと煮立ててお椀に注ぎ、好みでしょうゆ少量をたらす。
＊長いもをきのこに替えて「梅ときのこのおつゆ」にしても。

材料(2人分)と作り方
白菜150gを細切りにする。鍋にだし汁2カップを沸かし、白菜をさっと煮る。ボウルにみそ大さじ1 1/2、酒粕30gをちぎり入れ、煮汁少量を加えて少しおき、酒粕が柔らかくなったら混ぜ溶かす。鍋に戻して温める。

[洋の汁もの]

つぶしかぼちゃのポタージュ

粗くつぶしただけでも野菜の旨みでおいしく。

玉ねぎ、じゃがいも、トマトのカレースープ

とろりと煮くずれるくらいがおいしさの目安。

材料(2人分)と作り方

玉ねぎ50g、かぼちゃ150gは薄切りにし、水2カップ、バター5gとともに鍋に入れて火にかける。沸いたら弱火にしてかぼちゃが柔らかくなるまで煮る。木べらでかぼちゃを押しつぶし、牛乳1/2カップを加え、塩、こしょう各適量で味をととのえる。
＊かぼちゃをじゃがいもに替えて「つぶしじゃがいものポタージュ」もおすすめ。

材料(2人分)と作り方

玉ねぎ50gは薄切りに、じゃがいも1個はさいの目切りに、トマト中1個は角切りにする。鍋にオリーブ油大さじ1/2とすべての野菜を入れて中火にかけ、約1分炒める。水2カップ、カレー粉小さじ1/2、ブイヨン(固形)1個を加えて弱火にし、じゃがいもが柔らかくなるまで煮る。

玉ねぎと セロリのスープ

セロリの香りがふわりと香る
すっきり味のスープ。

きのこの ミルクスープ

飽きのこない
すっきりとしたミルク味。

材料（2人分）と作り方

玉ねぎ50g、セロリ1/2本は薄切りにする。鍋にオリーブ油大さじ1/2と野菜を入れてしんなりするまで約1分炒める。水2カップ、ブイヨン（固形）1個を加えて沸いたら弱火にし、3〜4分煮る。
＊主菜のたんぱく質の量によっては、セロリをベーコンに替えて「玉ねぎとベーコンのスープ」もおすすめ。

材料（2人分）と作り方

好みのきのこ（しめじ、生しいたけ、マッシュルームなど）100gは食べやすく切る。鍋にバター5gを入れて中火にかけ、溶け始めたらきのこを入れてさっと炒める。水1 1/2カップを加えて弱火にし、約5分煮て牛乳1/2カップを加えて、塩、こしょう各適量で味をととのえる。
＊きのこをほうれん草に替えて「ほうれん草のミルクスープ」にすると鉄分たっぷりに。

[中華の汁もの]

わかめと もやしのスープ

しゃきしゃきもやしが
たっぷり食べられます。

ザーサイと レタスのスープ

ザーサイの旨みがスープの要。
どんな中華おかずにも合います。

材料（2人分）と作り方
鍋に水2カップ、鶏がらスープの素小さじ1、ごま油小さじ1を入れて中火にかける。沸いたらわかめ(乾燥)小さじ1、もやし100gを入れてひと煮立ちさせる。塩、こしょう各適量で味をととのえる。
＊わかめをキムチに替えて「**キムチともやしのスープ**」にすると韓国風に。

材料（2人分）と作り方
ザーサイ30gはざく切りに、レタス大2枚は食べやすくちぎる。鍋にごま油小さじ1とザーサイを入れて中火にかけて炒め、水2カップ、鶏がらスープの素小さじ1を加えてひと煮立ちさせる。レタスを加えてしんなりしたら、塩、こしょう各適量で味をととのえる。
＊レタスを長ねぎに替えて「**ザーサイと長ねぎのスープ**」にしても。

中国風コーンスープ

世代を問わず好まれる
中国風スープ。

春雨入り中国風スープ

ピリ辛味が食欲を刺激します。
具材は好みで替えても。

材料(2人分)と作り方

鍋にコーンクリーム缶1缶(180g)、水1カップ、鶏がらスープの素小さじ1を入れて火にかける。沸いたら弱火にして2〜3分煮て、塩、こしょう各適量で味をととのえ、水溶き片栗粉(片栗粉小さじ1、水小さじ2)を加えてとろみをつける。とき卵1個分を回し入れ、半熟状に仕上げる。

材料(2人分)と作り方

長ねぎ5cmは小口切りに、にんじん20gは細切りにし、生しいたけ2個は薄切りにする。鍋に水2カップ、鶏がらスープの素小さじ1、豆板醤少量、ごま油小さじ1を入れて中火にかける。沸いたら野菜と春雨12gを入れ、弱火にして1〜2分煮る。しょうゆ大さじ1/2、塩、こしょう各少量で味をととのえる。

撮影　西山 航（世界文化社）
デザイン　芝 晶子（文京図案室）
スタイリング　久保田加奈子
イラスト　曽根 愛
取材・原稿・構成　井伊左千穂
調理アシスタント　大溝睦子
校正　株式会社円水社
編集部　能勢亜希子
器協力　UTUWA (tel 03-6447-0070)

上田淳子

調理師専門学校の西洋料理研究職員を経て渡欧する。ヨーロッパや日本のレストランなどで修業後、料理研究家として幅広く活躍。現在大学生になる双子の母。その子育てと仕事の両立経験を活かした、現実的なレシピが好評。著書に『共働きごはん』（主婦の友社刊）『るすめしレシピ』（自由国民社）など多数。

帰りが遅くても かんたん仕込みで すぐごはん

発行日	2019年3月15日　初版第1刷発行
	2019年7月30日　　第3刷発行

著者　上田淳子
発行者　竹間 勉
発行　株式会社世界文化社

　　　〒102-8187
　　　東京都千代田区九段北4-2-29
　　　tel 03-3262-5118（編集部）
　　　　　03-3262-5115（販売部）

印刷・製本　凸版印刷株式会社
DTP製作　株式会社明昌堂

©Junko Ueda, 2019. Printed in Japan
ISBN 978-4-418-19303-5

無断転載・複写を禁じます。定価はカバーに表示してあります。
落丁・乱丁のある場合はお取り替えいたします。